VON HERMANN ROTTMANN UND SIBYLLE SCHWARZ

KISS ME CAKE.

40 Rezepte für Törtchen, Tartes und Teegebäck

Prestel

MÜNCHEN · LONDON · NEW YORK

„Verführerisch" ist die Krönung unter den Lobeswörtern, wenn es ein Rezept verdient, in den Himmel gehoben zu werden. Von diesen hält dieses Buch gleich 40 bereit. Je nach Gaumen: für fruchtige Tartes, feinste Gebäcks, pralle Kuchen und Torten, die jedes echte, aber auch jedes erwachsene Kinderherz erfreuen. Die Rezepte haben einen weiten Weg zurückgelegt: von Portugal und aus dem Orient, aus Paris, Amsterdam und Griechenland, ja aus Südamerika.

Die grafische Gestaltung jeder Seite bis in die feinsten Tüpfel (von Sibylle Schwarz) ist ein Kunstwerk für sich geworden und macht das Auge schon beim Lesen zum Komplizen der Zunge. Hermann Rottmann, der Patissier, hat nicht nur komponiert und gebacken, sondern auch begnadet foto grafiert: An seine Torten lässt er keinen anderen Fotografen 'ran.

Das Goldene Zeitalter der Tortenkunst und des edlen Gebäcks war im Rückblick nur eine kurze Zeit ausser Kraft. Spätestens mit „Kiss me Cake" feiert es seine Renaissance.

HERZTORTENFORM

HERRENTORTENFORM

MUFFINBLECH

ROSETTENFORM

KÖNIGSKUCHENFORM

RINGFORM MIT 2 BÖDEN

ROHRBODENFORM

BUNDFORM

SPRINGFORM MIT HAUBE
UND TRAGEGRIFF

TORTENBODENFORM

original
KAISER
Backform

Das höllische Thema:
Backöfen und Temperaturen.

Fast jeder Ofen hat 'ne kleine Macke:
Einer backt von unten alles schwarz, oben bleibt's weiß wie ein
Nordeuropäer im Frühling. Ein anderer Ofen gibt jedem Backwerk oben
zuviel Feuer, so dass es innen leicht klitschig wird. Der Nächste backt
hinten schön braun, aber der vordere Teil bleibt käsig hell.
Da gibt's nur eins: backen, zwischendurch nachsehen und korrigieren.
Den Kuchen entweder mit Alufolie abdecken, drehen oder, mit 'ner
Stricknadel bewaffnet, reinstechen und prüfen, ob nichts mehr dran kleben
bleibt. Und den Geruchssinn schulen! Denn nur wenn das Backwerk die
Küche mit wunderbarem Duft durchzieht, gibt's auch den
wunderbaren Geschmack auf dem Tisch.

Alle Rezepte sind in handelsüblichen Elektrobacköfen ausprobiert worden.
Wer mit Gas- oder Heißluftherden backt, sollte die Gebrauchsanweisung
der Hersteller beachten. Eins ist klar: Alle Kuchen werden auf der mittleren
Schiene des Backofens gebacken.

Wichtigstes Werkzeug: die Hände.

Beim Knetteig macht man sich die Handwärme zunutze. Die kalte Butter
wird beim Kneten weich und verbindet die Zutaten auf wunderbare Weise.
Beim Biskuit oder Rührteig macht man sich das Gefühl für die Konsistenz
zunutze: feste Zutaten können nicht professioneller mit luftigen Massen
oder Eischnee gemischt werden. Also nur keine Scheu: Hände waschen und
hinein in den Teig! Bakterien und Keime werden sowieso beim Backen
unschädlich gemacht.

Backformen:

Ob alt oder neu, wenn das Gebäck nach dem Backen so richtig aus der Form
rutschen soll, muss man vorher fetten. Und hier nun das
Erfolgsrezept für Bleche und Formen, die schon viele Jahre auf dem Buckel
haben: Weiche Butter oder Margarine mit einem Backpinsel (oder den
Fingern) in die Form streichen. Ein paar Minuten in den Tiefkühler
stellen. Rausholen und kontrollieren, dass keine Stelle ohne Fett bleibt.
Die Form übers Spülbecken halten und mit Mehl bestäuben. Durch Drehen
und Schräghalten das Mehl gleichmässig verteilen. Zuviel Mehl einfach
ausklopfen. Wieder in den Tiefkühler stellen und erst rausholen, wenn der
Teig eingefüllt werden kann.

Wer große Torten zaubern will, braucht flache Tortenscheiben, je mehr
desto besser, mindestens 2-3 Stück. Ohne die kriegt man die frisch gebackenen Werke nicht hin- und herbewegt, ohne dass es bröckelt oder bricht.

Rührschüsseln sind meistens zu klein. Wer wirklich professionell Kuchen backen möchte, sollte nach einer wirklich goßen Schüssel Ausschau halten. 5-6 Liter Inhalt sollten es sein. Aber man kann notfalls auch große Wasch- oder Obstschalen zweckentfremden.

Die luftigsten Massen und Cremes kommen aus der Küchenmaschine. Die schlägt lange vor sich hin, ohne schlapp zu machen, und ist auch bei festen Teigen belastbar. Außerdem hat man die Hände frei, um schon den nächsten Arbeitsschritt vorzubereiten oder das Küchenchaos zu beseitigen.

Eier:

Nur große Hühnereier nehmen! Handelsklasse L. Und frisch müssen sie sein. Wer gerade nur kleine Eier im Kühlschrank findet, muss tricksen und ein oder zwei mehr nehmen.

Eischnee:

In vielen alten Rezepturen dient er als einziges Backtreibmittel, daher gibt's in den Rezepten auch kein Backpulver. Eischnee niemals lange rumstehen lassen, sonst verliert er seine Elastizität und transportiert keine Luft mehr in den Teig. Das ewige Eischneeschlagen ist zwar lästig, hat aber den Vorteil, dass die Kuchen lange haltbar sind und nicht trocken schmecken. Wichtigste Regel: Eischnee, zum Aufschlagen bestimmt, darf niemals mit Fett in Berührung kommen!

Temperatur von Zutaten:

Für Hefe- und Rührteige: wer mit dem Griff zur Kühlschranktüre beginnt, hat schon verloren! Denn dahinter verbirgt sich ihr größter Feind: die Kälte. Wer geschmeidig rühren will, sollte alle Zutaten zimmerwarm parat haben. Wer's vergessen hat: Butter in Würfel schneiden und in eine Metallschüssel legen. Die Schüssel dann in warmes Wasser stellen. Butter solange rühren, bis sie weich wie Joghurt ist. Eier werden ebenfalls in warmes Wasser versenkt, dann kann's losgehen.
Bei Mürbeteig streiten sich die Geister. Fest steht, mit temperierten Zutaten geht es einfacher.
Nur der elegante Blätterteig wird mit eiskalten Zutaten gemacht.

Mehl:

Wenn nicht anders empfohlen, immer Weizenmehl Typ 405 verwenden.

EL = Esslöffel
Bedeutet 20g. Kann aber auch etwas mehr oder weniger sein.

TL = Teelöffel und bedeutet ca. 5 g

Birnen-Schokotarte

Birnen-Schokoladentarte

GESTELLT WORDEN UND – PLUMS – DIE BIRNEN REINGEFALLEN.
ABER SO LEICHT GEHT'S NICHT! ES SIEHT NUR SO AUS.

Tarteform oder Springform 26 cm Ø

Backofen auf 180-200 Grad vorheizen.

200 g Mehl   **120 g Butter, in Würfel geschnitten**

70 g Zucker   **1 Ei**   **2 EL Kakaopulver**

1 EL Zimt   **1 Prise Salz**

Alles in eine Rührschüssel kippen und mit Mixer und Knethaken
zu einem Knetteig arbeiten. 2/3 Teig auf den Boden der Form drücken.
(Am besten mit etwas Mehl bestreut und der flachen Hand).
15 Minuten bei 180-200 Grad vorbacken. Danach etwas abkühlen lassen.
Restlichen Teig zu zwei Rollen von ca. 34 cm Länge formen (natürlich mit
etwas Mehl bestreut), liegen lassen.

3/8 l Sahne   **200 g Zartbitter - Schokolade**

In einen Topf füllen, unter Rühren erhitzen, aber nicht kochen.
Wenn die Schokolade geschmolzen ist, vom Herd nehmen.

150 g Zucker   **50 g gemahlene Haselnüsse**   **4 Eier**

zufügen und mit einem Schneebesen glatt rühren.

8 Williams Christbirnen (1,4-1,5 kg)

schälen, beiseite legen (Stiel dranlassen).

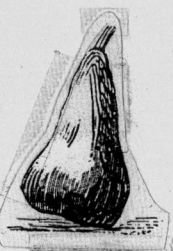

Die bereit liegenden Teigrollen an den Rand der Form drücken.
Schokoladenmasse einfüllen und Birnen draufstellen. (Ob die Birnen im
Ganzen oder geviertelt oder als Spalten auf den Kuchen wandern, bleibt
jedem selbst überlassen). Nochmals bei 180-200 Grad 40 Minuten backen.
Wer will, kann die Birnen noch mit etwas Kakaopulver bestreuen.

Vanille Kipferl

Vanille - Kipferl

Das ist nun wirklich etwas für sensible Handakrobaten. Man braucht schon ein wenig Gefühl um die Kipferl richtig rund und an den Enden ganz leicht auslaufend, hinzukriegen. aber wem das zu figelierisch ist - der legt einfach den geschnittenen Teig auf's Blech und bietet seinen Gästen Vanilletaler an. So einfach is das! Schmecken nun die genauso gut.

Backblech
Butter 2 Stunden vorher aus dem Kühlschrank nehmen.
Backofen auf 200 Grad vorheizen

✦

Und so wirds gemacht: Alles in einer Schüssel verkneten.
Zwei Rollen formen, und die dann in Scheiben
schneiden und zu Kipferln formen.

8 Zutaten:

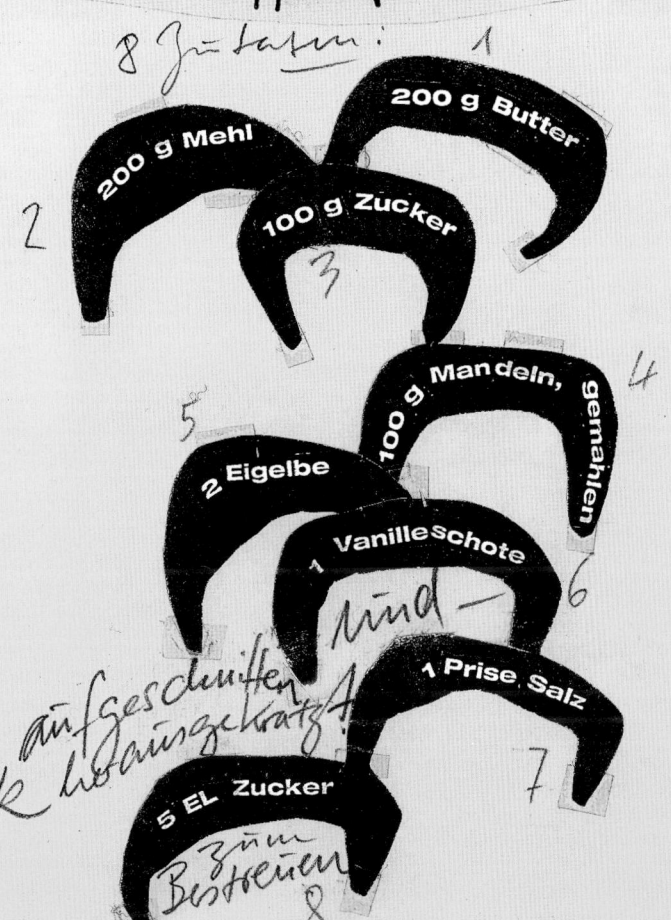

1 200 g Butter
2 200 g Mehl
3 100 g Zucker
4 100 g Mandeln, gemahlen
5 2 Eigelbe
6 1 Vanilleschote
7 1 Prise Salz
8 5 EL Zucker zum Bestreuen

länge aufgeschnitten und
das Mark herausgekratzt.

Alles in eine Schüssel kippen und mit den Händen zu einem glatten Teig
verkneten. Teig halbieren und zwei Rollen formen, ca. 50 cm lang.
(Arbeitsfläche mit etwas Mehl bestäuben, sonst kann's kleben.)
Die Rollen mit einem großen Messer in Scheiben schneiden,
ca. 1 cm breit. Daraus werden dann kleine Rollen geformt, 6 cm lang.
Am Besten mit der Hand. Dann mit beiden Händen und zwar mit den
Handballen unter dem Daumen werden die kleinen Rollen an den Enden
dünn gerollt. Diese Teigwürste dann rund auf ein Backblech legen.
Entweder auf Backpapier oder das Blech mit etwas Mehl bestreut.
Bei 180-200 Grad 10-12 Minuten backen.
Direkt nach dem Backen mit Zucker bestreuen
oder vorsichtig in Zucker wälzen.

Tee
kuchen

Der hält sich in Folie gewickelt
2-3 Wochen. Am besten im Gemüsefach
des Kühlschrankes.

Teekuchen

2.

250 g Butter 1 Glas **Sauerkirschen (340g)** 100 g Rosinen 3 EL Rum

3 EL Rübensirup 1EL Zimt 100 g gemahlene Mandeln 250 g Mehl 100 g Zucker

100 g gehobelte Mandeln 5 EL Aprikosenmarmelade 2 EL Zucker

8 Eier

Vorbereitung:

13

Backofen auf 200 Grad vorheizen.

Butter muss unbedingt weich sein! Früh genug aus dem Kühlschrank nehmen. Oder kalte Butter in Würfel schneiden, in eine Rührschüssel geben, und die Schüssel dann in heißes Wasser stellen. Einfach ins Spülbecken. Solange rühren, bis die Butter weich wie Joghurt ist (nicht flüssig). Sauerkirschen auf ein Sieb gießen. Dann mit Papier trockentupfen. Rosinen mit Rum beträufeln. 1-2 Stunden ziehen lassen.

Kastenform mit Butter ausstreichen und mit Mehl ausstreuen.

Alte Bleche mit Papier auslegen, sonst klebt's nach dem Backen, und der Kuchen fällt nur in Stücken raus. Eier werden getrennt.

Eigelb kommt in die Rührschüssel mit Butter. Eiweiß in eine zweite Schüssel. Die muss perfekt sauber sein. Sonst wird der Eischnee nur ein schlapper Schaum. Und dann beginnt der Zauber:

Vorbereitete Butter und Eigelbe schaumig schlagen. Rübensirup und Gewürze untermischen. Gemahlene Mandeln draufstreuen.

Rosinen und Mehl ebenfalls dazugeben (nicht umrühren).

Rührstäbe gründlich waschen und das Eiweiß damit steif schlagen.

Zucker reinstreuen und nochmal 10 Sekunden weiterschlagen.

Ein Drittel vom Eischnee mit den Zutaten vermischen.

Dann Sauerkirschen und den restlichen Eischnee sehr vorsichtig mit der Hand unterheben. Sofort in die Form füllen und in den Backofen schieben.

Der wird auf 180 Grad heruntergeschaltet.

Das Ganze backt dann eine Stunde. 10 Minuten abkühlen und stürzen.

Gehobelte Mandeln auf ein Backblech streuen und braun rösten.

Die Marmelade mit Zucker kochen, bis sich der Zucker gelöst hat.

Eventuell durch ein Sieb streichen, den Kuchen damit bestreichen.

Mit Mandeln bestreuen.

Französische Apfelküchlein

Französische Apfelküchlein

Bachblech

Für Zwischendurch oder als Abschluss eines opulenten Essens mit Freunden. Wenn alle nur noch stöhnen – 'ich schaff nichts mehr' – dann ist dieser Kuchen die reinste Wollust. Eins ist sicher – große Bewunderung.

Rezept für 12 Stück:

450 g Mehl

250 g kalte Butter

1/4 l kaltes Wasser

3 EL Essig

2 TL Salz

etwas Mehl zum Ausrollen

Die Zubereitung des Teigs steht auf
Seite 71 Bitte nachschlagen!

(Oder 300 g Blätterteig aus der Tiefkühltruhe).

Teig auf 40 x 40 cm ausrollen.
10 cm große Kreise ausstechen.

4 Äpfel (800 g)

4 Apfelstücke zur Seite legen.
Die anderen Äpfel in Stücke
schnippeln und mit

100 ml Wasser od. Weißwein

1 Vanillestange mit kleinem Messer aufgeschlitzt,

das Mark herausgekratzt

60 g Zucker

in einen Topf geben und solange kochen,
bis die Flüssigkeit verdampft ist.
Das Apfelmus auf die Teigkreise verteilen
(wenn sie vorbereitet werden, muss das Mus
abgekühlt sein.) Die übrig gebliebenen
Apfelviertel in dünne Scheiben schneiden
und auf die Küchlein verteilen. Auf ein mit
Wasser benetztes Blech legen. Puderzucker
drauf verteilen und ab in den Ofen.
20 Minuten bei 200 Grad backen.
Auf jeden Fall müssen die Küchlein
warm serviert werden.

Dazu Creme fraîche mit Puderzucker
und Zitronensaft verrührt.

BENEIDENSWERT WER EINEN MIRABELLENBA

IM GARTEN HAT UND DIE SÜSSE

FRÜCHTCHEN EINFACH NUR PFLÜCKE

KANN. DENN WÄHREND DI

FRÜCHTE

Mirabellenkuchen mit Sherry

MIRABELLENKUCHEN

IN DEN KORB WANDERN,

GEHT DER HEFETEIG IM BACKOFEN

BEDÄCHTIG AUF. WARTET

NUR NOCH AUF SEINE KRÖNUNG

DURCH DIE GOLDENEN KUGELN.

Übrigens: Andere Früchte gehen auch – Sauerkirschen, Aprikosen, Birnen, Pfirsiche oder was man gerade als Dose im Küchenschrank hat. Frische Steinfrüchte (Aprikosen, Pfirsiche, Mirabellen oder Pflaumen) werden vorher gekocht. Bei 500-600 g Früchten 1/4 l Wasser mit 100 g Zucker und den Früchten kurz aufkochen. Im Sud abkühlen lassen und zum Backen verwenden.

Backofen auf 50 Grad vorheizen.

Springform 24 oder 26 cm Ø mit etwas Butter einfetten.

300 g Mehl

120 g Zucker

1 Päckchen Trockenhefe

In eine Rührschüssel kippen und vermischen.

125 g weiche Butter

2 Eier

100 g Orangeat (Wer das nicht mag, nimmt Rosinen)

1 Prise Salz

Alles zu einem weichen Teig rühren und in die vorbereitete Springform füllen, glatt streichen. In den 50 Grad heißen Backofen stellen. Den Teig 40-50 Minuten lang gehen lassen.

1 großes Glas Mirabellen (385 g)

Auf ein Sieb gießen, dabei den Saft auffangen. Die Mirabellen entkernen. Die Früchte auf den gegangenen Teig legen. Backofen auf 180 Grad hochschalten und den Kuchen je nachdem, wie schnell der Ofen heizt, 40-50 Minuten backen.

1/8 l Mirabellensaft

und

1/8 l Sherry

verrühren und über den warmen Kuchen gießen. Evtl. mit der Gabel einige Male einstechen, so dass die Flüssigkeit gut einsickert.

Übrigens: Wer auf Alkohol verzichten will, nimmt einfach gut schmeckenden Saft.

Afghanische Maiskekse

Goldgelbe, knusprige Kekse
mit einer Walnußhälfte gekrönt.
Dazu schwarzer Tee mit Kardamom,
und eine fremde Welt wird greifbar.

Für *Achtzehn* Stück:

150 g weiche Butter

100 g Zucker

2 Eier

200 g Maismehl

100 g Weizenmehl, Typ 405

1 TL Backpulver

1 Päckchen Vanillezucker

18 Walnusshälften

Es kann feiner Polenta-Maisgrieß sein. Oder Maismehl. Gibt's im Reformhaus.

Backofen auf 200 Grad erhitzen.
Backblech mit Backpapier belegen.
Alle Zutaten in eine Rührschüssel geben.
Zu einem glatten Teig verarbeiten.
Mit zwei Teelöffeln walnussgroße
Häufchen aufs Backblech setzen.
Abstand nicht vergessen, sie laufen breit!
Jeweils eine Walnusshälfte draufdrücken
und ab in den Ofen. 12 Minuten goldbraun
backen. Während die Kekse im Ofen
schmurgeln, kann schon der schwarze Tee
zubereitet werden. Pro Kanne Tee noch
10 Kardamomkörner reingeben, und
nach 5 Minuten entfaltet sich
der exotische Geschmack.

QUARKKUCHEN MIT MANDARINEN.

Quarkkuchen mit Mandarinen und viele Eier.
Alles nur heiße Luft! Und die läßt diesen Kuchen
explodieren wie 'ne Bombe. Leider fällt diese Bombe
genauso schnell zusammen, wie sie hochgegangen
ist. Was übrig bleibt, ist ein luftiger souffléähn-
licher Kuchen.

Backofen auf 180 Grad vorheizen und 26 cm Springform rauskramen.
(Nicht fetten, sonst kann sich die Masse nicht halten und
würde nicht anständig aufgehen.)

1 kleine Dose Mandarinen

aufmachen und auf ein Sieb schütten (Saft brauchen wir nicht)

220 g Mehl

100 g Puderzucker

1 Prise Salz

150 g Butter (zimmerwarm)

2 Eigelbe

(Eiweiß in eine große Rührschüssel)

Alles in einen Pott und mit den Händen verkneten.
Den Teig in die Springform und einfach mit der flachen Hand
plattdrücken. 20 Minuten bei 180 Grad goldbraun backen.

2 Becher Creme fraiche (300 g)

250 g Magerquark

100 g Rosinen

7 Eigelbe

(Eiweiß zu dem anderen Eiweiß geben)

In eine Schüssel füllen und verrühren. Das Eiweiß steif schlagen,
bis es ganz fest ist und nicht mehr glänzt.

150 g Zucker

dazuschütten und nochmal 10 Sekunden weiterschlagen. Die angerührte
Quarkmasse auf den Eischnee kippen und behutsam unterziehen
(am Besten mit einem Schneebesen oder mit der Hand). Inzwischen dürfte
der Knetteig gebacken sein! Also aus dem Ofen holen und die
Mandarinen darauf verteilen. Sofort die Quarkmasse darauf gießen,
glattstreichen und wieder in den Ofen schieben, auf 180 Grad schalten und
nochmal eine Stunde backen.

aufgepaßt: Wird schnell schwarz! Nach ner halben
Stunde nachschauen und evtl. Alufolie auflegen.

Den Kuchen nach dem Backen 30 Minuten auskühlen, dann mit einem kleinen Messer zwischen Kuchen und Rand entlangfahren, danach die Springform öffnen. Wer will, kann noch Puderzucker draufstreuen.

Meringuetorte

SIEGEN ODER VERLIEREN, HIER ZEIGT SICH, OB MAN BEI SEINEN GÄSTEN IN ZUKUNFT BERÜHMT ODER BERÜCHTIGT WIRD. DENN WER SICH HIERAUF EINLÄSST, MUSS SCHON EINIGE ZEIT IN DER KÜCHE BEZWINGEN. ABER WENN ALLES KLAPPT, GEHT MAN MIT 'NEM LORBEERKRANZ WIEDER RAUS.

Die Böden sind aus geschlagenem Eiweiß, Zucker, Kakao und Zimt.
Die werden auf dem Backblech gebacken. Gekochte Moccacreme,
abgekühlt, mit schaumiger Butter verrührt. Alles zusammengesetzt
und fertig ist das Feinste, was die Patisserie zu bieten hat.

350 g Butter

aus dem Kühlschrank nehmen,
soll für die Buttercreme auf Zimmertemperatur gebracht werden.

für die Moccacreme

1 l Milch ·

3 EL Zucker

4 EL Kaffee-Instantpulver

zum Kochen bringen, davon 1/8 l kalte Milch zurückbehalten und mit

125 g Speisestärke

verrühren.

10 Eigelbe

vom Eiweiß trennen.
Das Gelb in eine Tasse, das Weiß in eine große Rührschüssel füllen.
Wenn die Milch kocht, aufgerührte Stärke mit einem Schneebesen
einrühren, aufkochen. Kräftig rühren und dann die Eigelbe rein.
Sofort vom Herd ziehen.
Mit Folie bedecken (dann verhindert man die ekelhafte Haut) und in den
Kühlschrank stellen. Und nun werden die Böden gebacken.

Ofen auf 200 Grad vorheizen.
Backblech mit Butter gut einstreichen und mit Mehl bestäuben.

❖ ◆◆◆ ❖

200 g gemahlene weiße Mandeln

80 g Puderzucker

5 TL Kakao

1/2 TL Zimt

In eine Schale kippen und vermischen.

(Wenn der Puderzucker klumpig
ist: — durchsieben)

10 Eiweiß

steif schlagen,

220 g Zucker

zuschütten und weitere 10 Sekunden schlagen.
Die Mandelmischung reinkippen und mit einem Holzlöffel
behutsam vermischen

(Mit der Hand
geht's noch besser).

Ein Drittel der Masse auf's Blech gießen und darauf verteilen. Wenn's geht,
ziemlich glatt! Bei 200 Grad 10-15 Minuten backen. Blech rausholen und
den Kuchen auf die Arbeitsfläche kippen. Das Backblech
abwaschen, erneut mit Butter einstreichen und bemehlen.
Das zweite Drittel Teig aufstreichen und backen.
Ebenfalls noch heiß vom Blech holen (Wenn er erkaltet, wird er brüchig).

Die Böden also direkt in der Mitte durchschneiden. Wieder das Blech präparieren und den restlichen Teig in einen Spritzbeutel mit kleiner Lochtülle füllen. Mit Abstand Streifen auf das Blech spritzen und backen. Die vorbereitete Moccacreme aus dem Kühlschrank nehmen, sollte Zimmertemperatur haben (wer unsicher ist, lässt sie mit der Butter einige Stunden in der Küche stehen). Wichtig ist, dass Creme und Butter gleiche Temperatur haben. Butter und

100 g Puderzucker

4-5 Minuten schaumig schlagen. Die Moccacreme mit einem Pürierstab geschmeidig machen und esslöffelweise drunterschlagen. Die Meringuenböden mit der Creme zusammensetzen. Darauf achten, dass genug für die Oberfläche und die Seiten übrig bleibt. Die gebackenen Stangen einfach zerbrechen und auf dem Kuchen verteilen. Wer will, kann noch Mandelsplitter draufstreuen. Mit etwas Puderzucker bestreuen.

Wichtig: Wenn die Butter nicht weich ist, lässt sie sich nicht ausreichend schaumig schlagen. Evtl. mit der Rührschüssel in heißes Wasser stellen und rühren, bis sie cremig ist.

Die Meringuenböden kleben zuweilen etwas am Backblech. Mit Messer oder Spachtel kann man sie ohne große Mühe lösen.

Am besten schmeckt dieses gute Stück, wenn's einen Tag durchgezogen ist. Und: Eine Stunde vor dem Servieren aus dem Kühlschrank nehmen. Eiskalt schmeckt sie nicht!

Himbeer-Sabayonekuchen.

Himbeer-Sabayonekuchen

Kleine Erfrischung an heißen Sommertagen.
Eigentlich nur Luft mit Geschmack.

Weicher Mandelbiskuit in einer Obstkuchenform gebacken,
mit Weinsabayone und Himbeeren gefüllt.
(Geht auch mit Orangensaft oder anderen Beeren.)
Springform oder Obstbodenform 26 cm Ø.
Backofen auf 180 Grad schalten. Backform mit etwas Butter
bestreichen und etwas Mehl bestreuen. (Wenn das schlampig gemacht
wird, bleibt der empfindliche Kuchen garantiert
nach dem Backen in der Form hängen!)

3 Eiweiß

in eine Rührschüssel füllen, steif schlagen,

80 g Zucker

reinschütten und 8-10 Sekunden unterschlagen.

50 g Mehl ● **30 g Speisestärke** ● **50 g gehobelte Mandeln** ● **3 Eigelbe**

Vorsichtig unterheben. Am besten mit der Hand, sehr behutsam.
30 Minuten bei 180 Grad goldbraun backen.
Ca. 5 Minuten abkühlen, dann stürzen.

Für die Sabayone brauchen wir einen Topf mit Wasser
und eine Metallschüssel oder einen Topf, der genau draufpasst.
Der also genau über dem Wasserdampf hängt, ohne das Wasser
zu berühren. Das Wasser zum Kochen bringen.

4 Blatt Gelatine

in kaltem Wasser einweichen.

3 Eigelbe   **80 g Zucker**   **1/4 l Wein**

(Was gerade da ist: Am besten fruchtiger und
trockener deutscher Wein, Marsala oder Vino Santo sind auch o.k.
In die Metallschüssel damit.

*Bevor wir das ganze aufschlagen, muss das Waschbecken
freigeräumt und mit kaltem
Wasser halb gefüllt werden.*

Mit einem Handmixer erstmal kalt
aufschlagen, bis sich das Volumen verdoppelt hat. Die Schüssel auf
den Topf mit dem kochenden Wasser stellen. Solange schlagen, bis
die Sabayone dick wird und zu dampfen beginnt. Dann sofort ins kalte
Wasser damit. Gelatineblätter ausdrücken und in die heiße Sabayone
einrühren (mit einem Holzlöffel). Das Ganze abkühlen lassen,
bis es geliert. Das dauert ein bisschen, also Geduld! Manchmal behutsam
umrühren. Wenn's fest wird, auf den Kuchen gießen und kühl stellen.

500 g Himbeeren
drauf verteilen.

Wer will, kann den Kuchenrand noch mit Puderzucker bestreuen
oder die Früchte mit Tortenguss überziehen

EIN GAUMENERLEBNIS:
MÜRBETEIG, PFLAUMEN IN RAHM
UND SESAM. GEWÜRZT
MIT NELKENPULVER.

Pflaumenkuchen mit Sesam

Pflaumenkuchen mit Sesam.

Springform 26 cm Ø.
Backofen auf 200 Grad vorheizen.

200 g Mehl   **100 g Puderzucker**   **2 Eigelbe**

180 g Butter – kalt, in Würfel geschnitten   **3 EL kaltes Wasser**

Alles in eine Rührschüssel und mit der
Hand verkneten (die Handwärme macht die
Butter geschmeidig, so dass sie sich
problemlos mit den übrigen Zutaten
verbindet). Den Teig in eine Springform
drücken. Wieder mit der Hand!

Benutzen wir den Handballen. Wichtig:
Der Teig muß fest an den Seiten sitzen,
weil der Rahm flüssig eingefüllt wird und
herauslaufen kann, wenn zwischen Rand und
Boden ein Zwischenraum besteht.
30 Minuten bei 200 Grad goldbraun backen.
Während der Teig backt, wird der Rahm
zubereitet:

3 Eier

1/4 l Sahne

100 g Puderzucker

1/2 TL gemahlene Nelken und

200 g geschälter Sesam

es gibt auch ungeschälten, der Sesam ist hellgelb, der sieht dann graubraun aus.

Diese Zutaten mit einem Mixer oder Schneebesen verquirlen.

750 g Pflaumen oder Zwetschen

werden entsteint. Also eine Seite aufschneiden, aufklappen und
den Stein herausholen. Den gebackenen Teig aus dem Ofen holen.
Auf 180 Grad schalten. Den Sesamrahm in die Form mit dem
Mürbeteig gießen (die Form kann ruhig noch heiß sein). Pflaumen rein -
entweder akkurat oder chaotisch. Das ganze Werk in den Ofen schieben und
1 Stunde backen. Aufgepasst: Wenn man 'ne alte Krücke als Backform
benutzt, sollte ein Blech unter die gefüllte Form gestellt werden.
Weil da nämlich was auslaufen und den Backofen ruinieren könnte.
Wenn die Pflaumen sehr saftig sind,
kann sich die Backzeit noch um 10-20 Minuten verlängern.

29

ANSTATT VON FRISCHEN PFLAUMEN KANN MAN AUCH TIEFGEKÜHLTE
TIEFGEKÜHLTE MÜSSEN ALLERDINGS AUFGETAUT WERDEN.
ODER PFLAUMEN AUS DEM GLAS NEHMEN.

Fanuropita

EIN GRIECHISCHER KUCHEN, DEN MAN TRADITIONELL AM 27. AUGUST MACHT. ER WIRD DANN IN DER KIRCHE GESEGNET UND NACH DEM GOTTESDIENST AN VORÜBERGEHENDE PASSANTEN VERTEILT. NICHT VERHEIRATETE MÄDCHEN SCHIEBEN SICH EIN STÜCK DAVON UNTER IHR KISSEN, UM VON IHREM ZUKÜNFTIGEN MANN ZU TRÄUMEN

Fanuropita

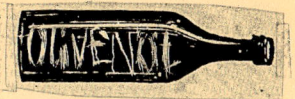

Ein sehr einfacher Kuchen ohne Eier und Butter, nur mit Olivenöl gemacht.

Ofen auf 180 Grad vorheizen, Backblech fetten.

500 g Mehl **200 g Zucker** **2 TL Backpulver**
1 TL Zimt **100 g Rosinen** **150 g Walnüsse**
200 ml Olivenöl **(Pflanzenöl tut's auch)** *und*
zuletzt **1 Kaffeetasse Orangensaft (200 ml)**

Alles der Reihe nach in eine Rührschüssel und mit den Knethaken des Handrührers zu einem festen Rührteig kneten. Gleichmäßig auf's Blech drücken (mit der flachen Hand). Bei 180 Grad 40-45 Minuten backen. Kuchen in Stücke schneiden und warm essen oder in eine Folie gewickelt aufbewahren.

Toucinho-do-céu

Himmelsspeck

Dabei ist die Zubereitung irdisch einfach.
Mandeln werden in Zuckerwasser gekocht
und mit geschlagenen Eigelben vermischt.

Für eine Herrenkuchenform oder
Springform mit 24-26 cm Ø.
Sorgfältig mit Butter ausstreichen
und mit Mehl ausstreuen.
Ofen auf 200 Grad vorheizen.

400 g Zucker

9 EL Wasser

in einem Topf zum Kochen bringen.

400 g fein gemahlene Mandeln

reinkippen und 1 Minute kochen, bis die
Mandeln glasig sind. Dabei umrühren.

8 Eigelbe

(Eiweiß wird nicht gebraucht.)

1/2 Fläschchen Mandelöl

1 TL Zimt

abgeriebene Schale 1 Zitrone

In eine Metallschüssel füllen und mit dem
Handmixer über Wasserdampf
cremig schlagen. Mandelmasse zugeben
und mit dem Holzlöffel verrühren.
In die Form füllen und 40 Minuten
goldbraun backen. 5 Minuten abkühlen und
dann stürzen. Mit Mandelplättchen
garnieren oder ohne Garnitur auftischen
— ein himmlisches Vergnügen wartet.

ÜBRIGENS: DIESER KUCHEN HÄLT
IN FOLIE GEWICKELT, 1-2 WOCHEN.

AMERIKANISCHE
Schokoladen-Brownies

Wer dieses Gebäck auf Vorrat backen und lagern will, sollte die Würfel mit Schokolade überziehen. Aber die sind sowieso so lecker, dass sie eh keinen zweiten Tag überstehen.

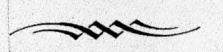

100 g Korinthen

in

3 EL Rum

1 Std. einweichen

50 g Butter

200 g gehackte Vollmilchschokolade

in einer Pfanne bei
gelinder Hitze schmelzen.

2 Eier
80 g Zucker
1 Prise Salz
1 TL Zimt

in einer Rührschüssel schaumig schlagen.

75 g Walnüsse

hacken und zufügen.

75 g Mehl

mit der geschmolzenen Schokolade
in die Eiermasse rühren. Einen
verstellbaren eckigen Backrahmen
auf ein Backblech stellen. Sollte 20 x 20 cm
Größe ergeben. Backpapier einlegen.
Masse einfüllen und bei 180 Grad
25 Minuten backen. Wer will, kann die
Brownies noch vor dem Backen mit

Trockenaprikosen

Hagelzucker

Mandelstiften

bestreuen.

Das ist aber eher etwas Dekoratives und
ändert nichts am genialen Geschmack
dieser Brownies.

Nach dem Backen in Würfel schneiden.
Dabei das Messer vor dem Schneiden unter
heißes Wasser halten oder mit Öl
einstreichen, weil's sonst beim Schneiden
klebt und bröselt.

südamerikanische

Tausendblättertorte

Keine Angst

tausend Blätter

muss man nicht backen
-aber 14 sind es schon.

In Südamerika

ist diese Torte in vielen
Varianten bekannt.

In Chile nutzt man das

unendliche Backen
der Mürbeteigböden
als Tratschbörse mit
den besten Freundinnen
und Schwestern.
-Mörderisch viel Arbeit-

Teigreste wieder verkneten.
Arbeitsfläche mit einem Teigspachtel
säubern, mehlen und erneut den Teig
ausrollen, ausschneiden und backen.
Es ergibt 14 Böden.

3 Dosen gesüßte Kondensmilch (Milchmädchen von Nestlé)

400 gr.

Die Dosen werden in einen Kochtopf
gestellt. Jeweils einen Löffel drunterlegen,
so dass die Dosen keinen direkten Kontakt
zum Topfboden haben. Wasser draufgießen,
bis sie bedeckt sind. 2 Stunden leicht
köcheln lassen.

100 g gehobelte oder gehackte Haselnüsse

50 g gehackte Pistazien

50 g Walnüsse

50 g ungesalzene Erdnüsse (gesalzene abwaschen)

Die Nüsse und die Mürbeteigböden
zurechtstellen. Nach 2 Stunden ist die
Creme in den Dosen karamelisiert und
braun. Mit einem Dosenöffner aufmachen
(ein Handtuch um die Dosen legen, sind
heiß). Jeden Boden dünn mit der Creme
bestreichen und ein paar Nüsse draufstreuen. So stapeln. Darauf achten, dass man
die Creme gut verteilt, so dass genügend für
die Oberfläche übrigbleibt. Die Oberfläche
garnieren, wie man will, . Im Kühlschrank
aufbewahren, aber nicht eiskalt essen. Am
besten 1 Stunde vor dem Servieren in die
Küche stellen. Übrigens: Die Creme ist
knapp bemessen, wer die Torte noch außen
bestreichen will, der muss noch eine Dose
gesüßte Kondensmilch extra einkaufen.

Ein weicher Mürbeteig wird hauchdünn
ausgerollt und gebacken. Mit einer Creme
aus gekochter, gesüßter Kondensmilch
gefüllt. Und die wird einfach in den Dosen
in kochendes Wasser gestellt.
Nach zwei Stunden ist die Creme
karamelisiert und wird nur auf die Böden
gestrichen. Nüsse drauf und fertig.

Springform 24 cm Ø. Tortenscheibe

Backofen auf 200 Grad vorheizen.

500 g zimmerwarme Butter

500 g Puderzucker

500 g Mehl

4 Eigelbe

Zuerst mit dem Knethaken, dann mit der
Hand zu einem weichen Mürbeteig
kneten. In Folie für 6-8 Stunden in den
Kühlschrank legen. Teig auf einen dick
bemehlten Tisch legen (der sollte sehr plan
sein). Mehl oben auf den Teig streuen und
mit der Hand flachdrücken. Nochmal Mehl
drunterstreuen und mit einem Rollholz
ausrollen. So dünn wie möglich.

Mindestens 80 x 50 cm groß.
Springformring darauflegen und 6 Böden
ausschneiden. Mit einer Tortenscheibe aus
Alu vorsichtig runterheben. Auf's Blech
rutschen lassen und 4-5 Minuten
goldbraun backen.

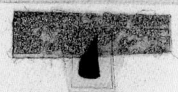

Rhabarber
Vanillekuchen.

Rhabarber-Vanillekuchen

So schmeckt der Frühling: Hobbygärtner ernten hier das erste Glück des Jahres. Und das wächst ganz von allein auf den Tisch. Abschneiden und in den Backofen schieben muss man selbst.

Mürbeteig in die Springform krümeln und backen. Schaumige Eier mit Vanilleschote und Creme fraiche daraufgießen. Rhabarberstücke darauflegen und nochmal in den Ofen. Fertig ist die Frühlingsüberraschung.

Springform, Tarteform 26 cm Ø
Backofen auf 200 Grad anheizen.

200 g Mehl

80 g Zucker

150 g Butter

1 Prise Salz

alles krümelig kneten und in die Springform streuen. 20 Minuten backen. In der Zwischenzeit:

3 Eier

100 g Zucker

1 Vanilleschote

längs aufgeschnitten und das Mark herausgekratet.

3 Minuten schaumig schlagen, dann

150 Creme fraiche

drunterrühren.
Auf dem noch heißen Teig verteilen.

500 g Rhabarber,

gewaschen und in kleine Stücke geschnitten drauflegen. Bei 180 Grad nochmals 40-50 Minuten backen. Mit

Puderzucker

bestreuen. Statt der Vanilleschote kann man auch 1/2 Fl.Bittermandelöl in die Masse geben, dann schmeckt's nach Marzipan.

Die Kirschen aus Nachbars Garten schmecken natürlich am Besten. Und wenn sie dann noch geklaut sind, na dann muss wohl die Hälfte des Kuchens wieder zurückgebracht werden.

Zitronen-Kirsch Tarte

Zuerst wird ein dünner Mürbeteig gebacken. Und weil's schnell gehen soll, krümelt man ihn hinein, dann festdrücken und backen. Dazwischen werden Zitronencreme zusammengerührt und die Kirschen entsteint. Die kommen dann auch noch drauf, zuende backen und fertig.

Quiche, Tarte oder Springform 26 cm Ø

Backofen auf 225 Grad vorheizen.

200 g Mehl 150 g Butter 20 g Zucker 1 TL Salz

Krümelig kneten. Gleichmäßig in die Tarteform streuen und festdrücken. Den Rand 1-2 cm hochziehen, fest andrücken. Bei 225 Grad 15-20 Minuten goldbraun backen.

150 g Creme fraiche 100 ml Zitronensaft (2-3 Zitronen) 3 Eier 80 g Zucker

Mit einem Schneebesen glatt rühren. Auf den heißen Teig gießen.

200 g Schwarzkirschen (frisch entsteint oder aus dem Glas)

Drauflegen und nochmals 25 Minuten backen. Temperatur auf 180 Grad herunterschalten.

Wichtig:
Der Teig muss sehr fest gedrückt werden, sonst läuft die Flüssigkeit heraus. Die Tarteform sicherheitshalber auf ein Blech stellen, dann läuft garantiert nichts in den Ofen.

SCHOKOLADEN · BISKUITS

NATÜRLICH WERDEN SIE MIT SPITZEN FINGERN BEI EINER GEPFLEGTEN KONVERSATION GEGESSEN. ODER SIE WERDEN AUS DER VORRATSDOSE GEMAMPFT. BEIDES HINTERLÄSST NUR EINS: DEN HUNGER NACH MEHR UND EINE SPUR PUDERZUCKER AUF DEM FUSSBODEN.

Nach dem Backen mit Puderzucker
bestreut, stehen die Leckerstücke
nach 45 Minuten auf dem Tisch.

Für 35 Stück

100 g dunkle Schokolade od. Kuvertüre 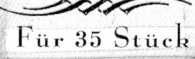 100g Puderzucker

120 g gemahlene Mandeln · 5 Eiweiß · 1 Prise Salz

5 Tropfen Bittermandelöl · Etwas Puderzucker zum Bestreuen

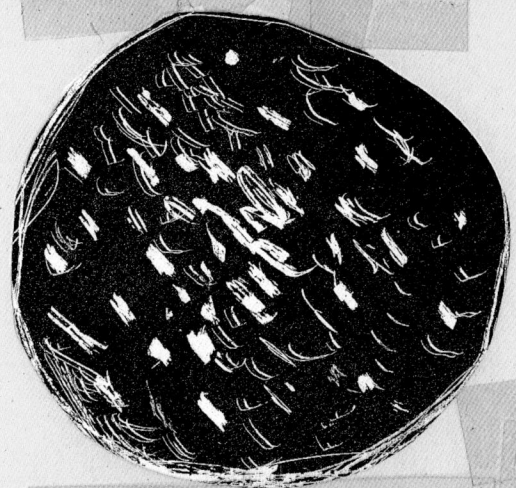

45

Backofen auf 180 Grad vorheizen.
Spritzbeutel mit Tülle parat legen.
Backblech fetten und mit Mehl bestreuen.
Schokoladenblock in eine Metallschüssel
legen. Diese in heißes Wasser stellen und
schmelzen lassen. Das dauert
ca. 10 Minuten. Dabei darf das Wasser nicht
kochen. 40-50 Grad reichen aus, sonst wird
die Schokolade klumpig. Vorsicht: Wasser
darf nicht in die Schokolade geraten. Sie
würde zäh und unbrauchbar. Puderzucker
durchsieben (in eine Schüssel oder einfach
auf Backpapier). Mit Mandeln mischen.
Eiweiß in eine Rührschüssel kippen und
steif schlagen. Alle anderen Zutaten
dazugeben und mit der Hand behutsam
vermischen. In den Spritzbeutel füllen.
Walnussgroße Kleckse auf das Backblech
spritzen. Sie laufen etwas auseinander,
deshalb nicht so dicht nebeneinander
setzen. 12 Minuten backen. Nach dem
Erkalten mit Puderzucker bestreuen.
Das war's.

Eine Hit für's Kaffeekränzchen auf der Couch. Wenn man overhaupt Besuch empfängt.

Erdbeer-Kokostorte

Erdbeer-Kokostorte

Kokosbiskuit getränkt mit Orangensaft.
Gefüllt mit schlichter Sahne, belegt mit
Erdbeeren. Ofen auf 180 Grad schalten.
Den Boden einer Springform 24 cm Ø
mit etwas Butter fetten. Springformring
drumlegen, beiseite stellen.

4 Eiweiß

In einer sauberen Rührschüssel
1 Minute steif schlagen.

80 g Zucker

reinschütten, nochmals
10 Sekunden schlagen.

100 g Kokosraspel
80 g Mehl
4 Eigelbe

zugeben und mit der Hand vorsichtig
unterheben. In die Springform füllen,
30 Minuten backen. Danach auskühlen,
quer durchschneiden. Den untersten
Biskuit auf einen Tortenteller legen.
Mit dem Saft von

2 Orangen (evtl. noch 2 EL Rum o. ä.)

gleichmäßig beide Biskuitböden beträufeln.

Ca. 7 Erdbeeren

in Scheiben schneiden und auf
den unteren Biskuit legen.

3/4 l Sahne

schlagen, mit

2 EL Zucker

süßen.

Die Hälfte der Sahne auf dem unteren
Biskuit verteilen. Zweiten Biskuit
draufdrücken. Restliche Sahne einfach mit
einem Esslöffel in großer Geste
draufklatschen. Erdbeeren drauf und
Kokosraspeln dran, und fertig ist
die Liebesgabe.

Mohn-Zitronenkuchen

Mohn Zitronenkuchen.

unten eine Schicht Zitronencreme und obenauf ein Schaum aus Eischnee und Mohn. Das Ganze wird gehalten von einem feinen Mürbeteig.

Springform 24 oder 26 cm Ø
Backofen auf 200 Grad vorheizen.

1. **300 g Mehl** **2.** **250 g weiche Butter**

3. **100 g Puderzucker** **4.** **Schale 1 Zitrone** *(ungespritzt*
ist klar, auf einer feinen Reibe raspeln.)

Alles in eine Rührschüssel füllen und mit einem Knethaken krümelig machen. 2/3 des Teiges in eine Springform streuen, etwas platt drücken. Bei 180-200 Grad 20 Minuten goldbraun backen. Den übrigen Teig mit der Hand verkneten und 2 Rollen von je 36 cm Länge formen, beiseite legen.

Zitronencreme:

5. **Saft von 2 Zitronen**
(sollte 1/8 l ergeben)

6. **200 g Creme fraiche** **7.** **150 g Vollmilchjoghurt** **8.** **20 g Mehl (1 EL)**

9. **80 g Zucker** **10.** **5 Eigelbe**

Alles zusammen verquirlen und stehen lassen.
(Eiweiß aufheben)

49

Wenn der Mürbeteigboden fertig gebacken ist, auskühlen lassen und die Teigrollen an den Springformrand drücken (Rand weit hochdrücken, ca. 4 cm).

Mohnmasse:

11. **1/4 l Milch**

kochen und darin

12. **250 g gemahlenen Blaumohn**

einstreuen und 2 Minuten kochen lassen (Vorsicht: kann spritzen).

13. **5 Eiweiß**

in der Zwischenzeit steif schlagen und

14. **80 g Zucker**

reinschütten, noch weitere 10 Sekunden schlagen.
Die Mohnmasse auf's Eiweiß kippen und mit einem Schneebesen fix verrühren. Auf den Mürbeteig verteilen. Dann die Zitronencreme einfach draufgießen, fertig. Erstmal bei 200 Grad 15 Minuten backen, dann die Temperatur auf 180 Grad senken und 30-40 Minuten weiterbacken. Bevor man den Kuchen aus der Springform nimmt, sollte er ganz auskühlen. Dann mit einem kleinen Messer am Rand entlang schneiden und den Rand lösen. Wer will, kann noch Puderzucker drauf streuen.
übrigens:

Den Blaumohn im Reformhaus kaufen und mahlen lassen! Wem das zu aufwendig ist, kauft eingeschweißte Folienpakete. Der muß dann nicht mehr gekocht werden (wird nur mit dem Eischnee verrührt)!

Wenn die Tage kürzer und die Abende wieder länger werden. Alles in vorweihnachtlichem Glanz strahlt. Dann fehlt etwas, was an Kindheit erinn

LEBKUCHEN WEIHNACHTSBAUM

|Lebkuchen-Weihnachtsbaum

an Weihnachtsmärkte und an das ganz große Glück. Der Duft von Selbstgebackenem. Der macht die Illusion erst perfekt! Untermalt den Glanz erst so rich Hier gibt's große leuchtende Augen und das richtige Gefühl im Bauch.

LEBKUCHEN
ST ERSTMAL STEINHART.
NACH UND NACH WIRD ER WEICH.

Ofen auf 180 Grad erhitzen.

250 g Honig **125 g brauner Zucker**

In einen Topf füllen und erhitzen. Kurz vor dem Kochen runterschalten, ab und zu rühren. Der Zucker sollte einigermaßen aufgelöst sein.

100 g Butter

darin auflösen. Das Ganze abkühlen. (In kaltes Wasser stellen.) Wenn's lauwarm ist

2 TL Spekulatiusgewürz **1 Ei** **550 g Mehl** **1/2 Päckchen Backpulver**

mit 'nem Holzlöffel unterrühren. Wenn's zu fest wird, den Teig auf die Arbeitsfläche kippen und mit den Händen das restliche Mehl unterkneten. Einen Bogen Backpapier auf's Blech legen. Den Teig darauf legen und zuerst mit den Händen plattdrücken. Dann mit einem Rollholz ziemlich glatt auf 32 x 32 cm ausrollen.

15 Minuten backen. Den Lebkuchen zweimal diagonal durchschneiden, so dass man 4 Dreiecke erhält. Die langen Seiten werden eingeschnitten. Mit Zuckerguss wird dann alles zusammengesetzt. Also:

250 g Puderzucker **1 Eiweiss**

verrühren und in einen Gefrierbeutel füllen. In eine Ecke drücken und die Ecke anschneiden. Oder man nimmt einen Spritzbeutel mit kleiner Lochtülle. Damit werden die Segmente zusammengesetzt und garniert. Mit Silberperlen belegen. Die übrig gebliebenen Teile dazulegen.

MOUSSE AU CHOCOLAT- mandeltorte

BEVOR MAN MIT DIESEM TRÜMMER BEGINNT, SOLLTEN VIELLEICHT EINIGE KUNSTBÜCHER MIT MODERNER MALEREI DURCHGEBLÄTTERT WERDEN. DENN DIE GEBEN 'NE MENGE ANREGUNGEN FÜR'S ÄUSSERE. DAS INNERE BESTEHT LEIDER NUR AUS LECKER UND SCHWINDELERREGENDEN KALORIEN.

Springform 24 oder 26 cm Ø und zwei Tortenscheiben.

Ofen auf 200 Grad schalten.

400 g sehr weiche Butter

(evtl. in eine Schüssel füllen und in heißes Wasser stellen; rühren, bis sie cremig ist).

1 TL Zimt

1/2 Fl. Bittermandelöl

6 Eigelbe

(die sollten auch Zimmertemperatur haben) zugeben und 3-4 Minuten schaumig schlagen.

300 g gemahlene, weiße Mandeln

150 g gehobelte Mandeln

dazugeben

6 Eiweiß

steif schlagen, dann

100 g Zucker

reinschütten und 10 Sekunden weiterschlagen.

53

Den Eischnee behutsam unter die Buttermasse heben. Zuerst 1/3, dann den Rest (am besten mit der Hand, so als bade man ein Baby). Ab in die Form und in den Ofen. Bei 200 Grad 50 Minuten backen. Nach 15 Minuten die Hitze auf 180 Grad stellen. Den Mandelkuchen aus dem Ofen nehmen und abkühlen lassen.

100 g gehobelte Mandeln

(brauchen wir zum Dekorieren)

auf's Backblech schütten und im Ofen braun rösten. (Unbedingt dabei stehen bleiben – werden ruck zuck schwarz!)

Den Mandelboden zwei Mal durchschneiden. Wer das noch nie gemacht hat, schneidet nur ein Mal: Der Kuchen liegt auf einer Tortenscheibe, linke Hand auf den Boden legen und den Kuchen bei jedem Schnitt drehen. Messer waagerecht an den Rand halten und da, wo man schneiden will, eine Kerbe reinschneiden. In diese Markierung immer tiefer reinschneiden unter ständigem Drehen. Dabei das Messer waagerecht halten und leicht hin und her bewegen, also schneiden. Irgendwann ist man in der Mitte und kann den Boden abnehmen, am besten mit einer zweiten Tortenscheibe.

450 g Zartbitter-Kuvertüre oder feine Schokolade

grob hacken, in eine Metallschüssel packen, und die Schüssel dann in heißes Wasser stellen, (darf aber nicht kochen).

In der Zwischenzeit

3/4 l gekühlte Sahne

steif schlagen.

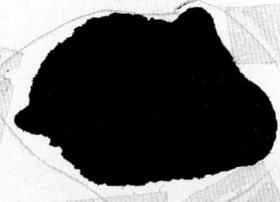

Die heiße Schokolade in
die Sahne kippen.
(Wichtig: Vorher eine kleine Mulde in
die Sahne machen und die heiße Schokolade
in die Vertiefung gießen. Dann ganz schnell
mit einem Schneebesen verschlagen. Das
muß wirklich ruck zuck gehen! Danach ist
der Stress vorbei, und die Torte kann
zusammengesetzt werden.
Aufpassen, dass genug Mousse
für die Fassade übrig bleibt. Dann noch mal

100 g Schokolade

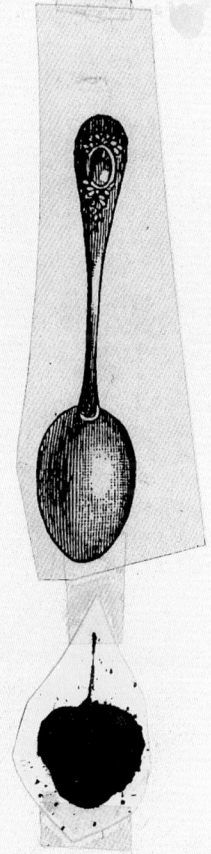

schmelzen und die Torte künstlerisch
garnieren. Gebräunte Mandeln mit Schwung
dran oder drauf schmeißen, und fertig
ist das Meisterwerk.

Apfel-Weintorte

Apfel Weintorte

...und werden Nachmittag in weinseliger Runde verbringen will —
Hier ein Rezept.

Feiner Mürbeteig hält eine gekochte Apfel-Weinmischung.
Obendrauf etwas Sahne gespritzt und fertig.

Springform 24–26 cm Ø

Ofen auf 200 Grad vorheizen.

250 g Mehl   **125 g Zucker**   **1 Eigelb**

125 g Butter, zimmerwarm   **2 EL kaltes Wasser**

Alles in eine Rührschüssel. Mit dem Handmixer und Knethaken
krümelig kneten. Ungefähr die Hälfte in die Springform streuen und festdrücken. 20 Minuten goldbraun backen. Wenn der Teig gebacken ist,
abkühlen lassen. Restlichen Teig verkneten und liegenlassen.

800 g Äpfel

ca. 4–5 Stück (Boskop , Cox Orange)

Äpfel schälen, vierteln und entkernen: kleinschnippeln.

57

3/4 l Weißwein   **80 g Speisestärke**   **200 g Zucker**   **1 Vanilleschote**

Vanilleschote längs aufgeschlitzt, das Mark herausgekratzt.)

Weißwein in einen Topf gießen, dabei ca. 1/8 l Wein zurückbehalten
und Stärke reinrühren. Zucker, Vanilleschote und Mark zum Wein
geben. Aufkochen. Vanilleschote herausnehmen. Aufgerührte
Speisestärke zugießen, dabei mit dem Schneebesen kräftig rühren.
Aufkochen. Vom Herd nehmen und die Äpfel reinschütten, umrühren (Die
müssen dann nicht mehr aufgekocht werden). Den restlichen Teig, mit etwas
Mehl bestreut, zu zwei Strängen rollen, ca. 35 cm lang.
An den Rand der Springform drücken (weit hochdrücken, sonst kocht's über
den Teigrand und wird schwarz).
Die heiße Apfelmasse in die Springform kippen und etwas
glatt streichen. 50 Minuten bei 180 Grad backen.
Ganz abkühlen und dann den Rand öffnen.
Vorher mit einem kleinen Messer zwischen Rand und Teig
entlangfahren.

500 g Sahne
halbfertig schlagen

2 Päckchen Sahnesteif   **3 EL Zucker**

vermischen, in die Sahne schütten und fertig schlagen.
Alles in einen Spritzbeutel füllen und auf den Kuchen spritzen.

Kolokithópita

Kolokithópita

Zu Silvester wird in Griechenland eine Münze eingebacken. Wer sie in seinem Stück findet, ist dann der Glückspilz des Jahres! Und wird vermutlich hohe Weinrechnungen in den Tavernen mit sich bringen.

Griechischer Pita-Blätterteig bedeutet ein lustvolles Teigkneten und Ausrollen. Kürbis gekocht, mit Eiern, Zucker und Grieß vermischt, dient als Füllung.

3 kg süßer Flaschenkürbis oder orangefarbener Gartenkürbis.

Kürbis in Segmente schneiden, entkernen. Dann die Schale abschneiden. (Am besten mit einem Sparschäler oder einem kleinen Messer.) In Stücke schneiden und in einen Topf geben. Ein bisschen Wasser dazu, Deckel drauf und 15 Minuten kochen, bis er weich ist. Restliches Wasser abgießen. Das Ganze abkühlen. (Wenn's schnell gehen soll, auf einen großen Teller kippen.)

1/4 l kaltes Wasser

350 g Mehl Typ 550

In einer Rührschüssel mit Knethaken des Handrührgerätes verkneten.

Arbeitsfläche derbe mit Mehl einstreuen und den Teig drauflegen. Soviel Mehl einkneten, bis ein weicher und elastischer Teig entstanden ist. 5 Minuten ruhen lassen. Den Teig zu einem Kreis von 50 cm Ø ausrollen. (Aufpassen, daß die Arbeitsfläche und der Teig dick mit Mehl bestäubt sind, sonst klebt's.) Den Teig achteln und mit

3 EL Pflanzenöl

gleichmäßig beträufeln. Die Segmente aufeinander legen. Die Spitze zum Rand hin einklappen, und das Ganze, wieder mit reichlich Mehl bestreut, auf 64 x 38 cm Größe ausrollen. (Ist die Größe von 2 Backblechen. Wer ein kleineres hat, sollte selber ausmessen.) Den Teig halbieren und auf ein geöltes Blech legen. Dabei über den Blechrand ziehen, so dass beim späteren Einfüllen der Masse nichts aus dem Teig laufen kann. (Es sollte auch kein Loch in dem Teig sein.)

Die lauwarmen Kürbisstücke mit

4 EL Zucker (80 g)

2 EL Hartweizengrieß (40 g)

3 Eier

1 Prise Salz

in eine Rührschüssel kippen und mit den Schneebesen des Handrührgerätes verquirlen (dabei wird der Kürbis dann auch zerkleinert). Die Kürbismasse auf's Blech schütten und verteilen. Das übrige Teigquadrat auflegen. Den überhängenden Teig nach innen rollen. 10 Minuten bei 250 Grad, dann herunterschalten auf 200 Grad und weitere 35 Minuten backen.

Pastéis de Nata

Pastéis de Nata

EIN REZEPT AUS PORTUGAL UND PERFEKT FÜR GROSSFAMILIEN, PARTYS ODER PICKNICK AM STRAND? IN LISSABON STEHEN DIE LEUTE SCHLANGE UM FRISCHE PASTÉIS ZU BEKOMMEN. SIE HEISSEN WEIHNACHTSPASTETEN, WEIL SIE WIE DAS KÖRBCHEN DES JESUSKINDES AUSSEHEN.

Krosser, zarter Blätterteig mit Vanillecreme gefüllt, das ist alles!
Zimt drauf und der Urlaubstraum ist gelungen.

Muffinform

Zutaten für 24 Stück

450 g Mehl
250 g eiskalte Butter – in groben Stücken
1/4 l kaltes Wasser
3 EL Essig
2 TL Salz
Etwas Mehl zum Ausrollen

Alles in eine Schüssel kippen. Mit Knethaken verkneten.
(da kommt ziemlich wilder Teig raus!
Wichtig: Die Butter muss grobstückig bleiben!)
Arbeitsfläche mit Mehl bestreuen und den Teig raufpacken.
Mehl auf den Teig und mit dem Handballen in eine rechteckige Form
drücken. Dann mit einem Rollholz hoch und runter rollen, bis
ein Rechteck von 20 x 50 cm vor einem liegt. Wie ein Handtuch
zusammenschlagen, so daß 3 Schichten aufeinander liegen.
Den Teig wieder einmehlen und so drehen, dass die ausgefransten Seiten
nach oben und unten zeigen. Wieder mit dem Handballen
zurechtdrücken und auf 20 x 50 cm ausrollen, zusammenschlagen
und dann zum letzten Mal das Gleiche nochmal.
Den Block auf 40 x 40 cm ausrollen.
(Mit dem Rollholz von innen zu den Außenkanten rollen.
Dann wird's nicht schief.) Den Teig aufrollen und fingerdicke Stücke
abschneiden. Mit bemehlten Fingern in die Muffinmulden drücken.
Backofen auf 250 Grad vorheizen.

Vanillecreme

1 l Milch
60 g Speisestärke
1 Vanilleschote
3 Eigelbe
100 g Zucker

Ca. eine Tasse von der kalten Milch mit Speisestärke verrühren.
Restliche Milch zum Kochen bringen. Vanilleschote mit einem kleinen Mes-
ser aufschlitzen. Das Mark herauskratzen, beides zur Milch geben.
Wenn alles kocht, die Speisestärke fix reingießen. Während es brodelt,
mit einem Schneebesen umrühren (Vorsicht, spritzt!). Eigelbe und Zucker
rein, umrühren und ab in die Blätterteigkörbchen.
Bei 250 Grad auf unterster Schiene 20 Minuten backen.
Übrigens: Die werden sehr dunkel gebacken, fast schwarz! Aber keine
Angst, das schmeckt super. Wem 24 Stück zuviel sind, der friert die Hälfte
ein. Aber nicht gebacken, sondern ungebacken.
Sie werden dann einfach tiefgekühlt in den Ofen geschoben
und etwas länger gebacken als oben angegeben.
Mit Zimt und Puderzucker bestreuen.

mandelKEKSE

DESTO FEINER.

DIE SIND NICHT ZUM SATT WERDEN! WOHL EHER WAS FÜR 'NEN HOHLEN ZAHN. ABER JE KLEINER

Mürbeteig mit einer
Karamel-Mandelschicht bedeckt.
Das isse's schon. Übrigens: Das feine Aroma
dieser Kekse gibt's nicht umsonst. Dafür
braucht man Butter und nichts anderes!

Backpapier und Mehl zum Ausrollen.
Backofen auf 200 Grad aufheizen.

250 g Mehl

100 g Zucker

1 Pckg. Vanillezucker

200 g Butter

2 Eigelb

Zutaten mit der Hand verkneten.
Papier in Backblechgröße abreißen und
auf die Arbeitsfläche legen.
Darauf den Teig mit der Hand etwas
flachdrücken und dann mit einem Rollholz
dünn ausrollen. Auf's Backblech legen.
Mit einer Gabel ein paar Mal einstechen.

150 g Zucker

50 g Butter

200 ml Sahne

200 g Mandelstifte

Alles in einen Topf packen und aufkochen.
Das wird auf den Teig gestrichen.
Bei 200 Grad 20 Minuten backen. Wenn die
Keksplatte aus dem Ofen kommt, muss sie
sofort in Stücke geschnitten werden.
Das Messer mit etwas Öl bestreichen
(je größer das Messer ist, desto besser).
In beliebige Formen schneiden.
Aber dran denken: Je kleiner desto feiner.

Schweizer Schokoladenkuchen.

Schweizer Schokoladenkuchen

0043 I

Wer ein Schweizer Nummern Konto hat kann j...
gleich beim Geldtransfer die kostspielige Schweizer Schoko...
mitbringen. Wer Reis hat, nimmt einfach die
Zartbitter aus dem Supermarkt um die Ecke.

Schokolade schmelzen, Eigelbe mit Zucker schaumig schlagen.
Alles mit gemahlenen Mandeln, Paniermehl und geschlagenem Eiweiß vermischen. Während des Backens werden Schokolocken geschabt.
Dazu Schlagsahne — wer will, mit etwas Kirschwasser
oder Grappa vermischen.

Backofen auf 180 Grad vorheizen.
Herrenkuchenform oder Springform 24 cm Ø mit etwas Butter auspinseln,
mit Mehl bestreuen, über dem Waschbecken ausklopfen.

120 g Zartbitter-Schokolade

grob hacken, in eine Metallschüssel füllen und das Ganze
in heißes Wasser stellen und schmelzen.

6 Eigelbe   **150 g weiche Butter**

schaumig schlagen.
Wenn die Schokolade geschmolzen ist, in die Buttermischung gießen
(noch nicht verrühren).

6 Eiweiß   steif schlagen

250 g Zucker

reinschütten, 10 Sekunden schlagen.
1/3 Eiweiß auf die Buttermischung geben (nicht unterrühren).

250 g gemahlene Mandeln   **50 g Paniermehl**

ebenfalls in die Schüssel mit der Buttermischung geben.

Mit einem Holzlöffel verrühren. Dann den restlichen Eischnee sehr
vorsichtig unterheben. In die Backform füllen und 40 Minuten backen.
Dann zu den Schokolocken: Ohne Marmorbrett braucht man erst gar nicht
anzufangen, wer keins hat, der missbraucht vielleicht eine Fensterbank?
Wenn das geklärt ist:

100 g Zartbitter-Kuvertüre

bei 40 Grad im Wasserbad auflösen. Vorsicht, Wasser darf nicht heißer werden. Vorher die Kuvertüre grobhacken. Zwischendurch immer mal wieder
rühren. Das Marmorbrett kühlen: Mit kaltem Wasser abspülen, trocknen
oder Eiswürfel im Plastikbeutel drauflegen.
Aufgelöste Schokolade mit einem Malerspachtel hauchdünn
draufstreichen. Wenn alles richtig ist, wird es nach kurzer Zeit fest.
Mit dem Spachtel einfach abschaben. Die Prozedur mehrmals
wiederholen. Etwas Schokolade übrig lassen, um damit den Kuchen zu
besprenkeln. Einfach vom Löffel laufen lassen und dabei hin und her
schwenken. Aber natürlich nur auf den abgekühlten Kuchen.
Darauf die Schokolocken verteilen.
Wer will, kann noch Kakaopulver oder Puderzucker draufstreuen.

Orangen
Pinien
torte.

Hündküts können hier ruhig weiterblättern – denn von mir hinter scheiner reichleiten Fernade zubringt, mit der Kentkrank, von die südliche Sonne zu bieten hat: Orangeell und Pinienkerne.

Unten ein knuspriger Mürbeteig, darauf eine Masse aus geschlagenen Eiern und jeder Menge Pinienkernen. Das wird gebacken, mit Orangenrädern belegt und mit bitterer Orangenmarmelade bestrichen.

Backofen auf 180-200 Grad vorheizen.

200 g Mehl
1 EL Zucker
1/2 TL Salz
1/2 TL Muskat
150 g Butter

die Butter zimmerwarm

Alles mit dem Knethaken des Handmixers krümelig arbeiten. In die Springform packen, etwas festdrücken. 15-20 Minuten backen.

3 Eier
80 g Zucker
1 Pckg. Vanillezucker

5 Minuten schaumig schlagen.

Die Pinienkerne gibt's im Reformhaus

200 g Pinienkerne

oder beim Türken oder Italiener

Pinienkerne fein hacken oder im Blitzhacker zerschlagen. In die Eierschaummasse kippen und behutsam vermischen. Auf den vorgebackenen, noch heißen Teig streichen. Nochmal bei 180 Grad 10-15 Minuten backen. Während des Backens

4 Orangen

schälen und in Scheiben schneiden. Die werden dann auf den heißen Kuchen gelegt. Den Saft draufgießen.

3 EL bittere Orangenmarmelade
2 EL Zucker

In einem Topf 1-2 Minuten kochen, bis große elastische Blasen entstehen. Die Orangentorte damit einstreichen. Übrigens: Wer diesen Kuchen im Winter (Nov.-Febr.) macht, sollte Blutorangen nehmen, die haben ein wunderbar feines Aroma. Statt Pinienkernen Mandeln, Haselnüsse oder Walnüsse nehmen!

Wie ein Lüfthauche in
fließender Hitze
unter schattigen Bäumen.
Ein modernes Prachtstück
ohne viel Trickerfung mit
Aufwand.

Beerentarte.

DER IST WIRKLICH FIX GEMACHT. MÜRBETEIG BACKEN, FRÜCHTE DRAUF VERTEILEN UND MIT HEISSEM GELEE ÜBERZIEHEN. DAS IST SCHON ALLES. ÜBRIGENS: LANGE ZEIT AUFBE-WAHREN LÄßT SICH DIESER KUCHEN NICHT. DIE BEERENFRÜCHTE MÜSSEN FRISCH SEIN. MIT TIEFKÜHLKOST SOLLTE MAN GAR NICHT RUMEXPERIMENTIEREN.

Beerentarte

Quicheform, Springform oder Springblech 26-28 cm Ø.

Backofen auf 200-220 Grad vorheizen.

250 g Mehl   **1 Prise Salz**   **2 El Wasser**

20 g Zucker   **200 g Butter**

Butter ne Stunde vorher aus dem Kühlschrank nehmen und in Würfel schneiden.

Alles in eine Schüssel kippen und mit der Hand (wichtig!) durchkneten.
Den Teig mit dem Handballen in die Form drücken. Den Rand dabei etwas
hochdrücken. Mit einer Gabel 4-5 Mal einstechen.
20-25 Minuten goldbraun backen.

750 g -1 kg frische Beerenfrüchte (Erdbeeren, Himbeeren,

Brombeeren, Heidelbeeren, Johannisbeeren, was gerade da ist)

waschen und auf einem
Handtuch trocknen lassen. Auf dem erkalteten Mürbeteig verteilen.

69

6 EL schwarzes Johannisbeergelee   **3 EL Zucker**

3-4 Minuten unter Rühren stark kochen.
Das heiße Gelee auf die Beeren verteilen. Beim Einkauf die

Sahne

nicht vergessen! Wenn die wegen der Sommerhitze nicht steif wird, nimmt
man Creme fraiche, mit etwas Zitronensaft und Zucker verrührt.

Wer noch Verfeinerung braucht:

100 g Marzipanrohmasse

und

1/4 l Sahne

mit dem Pürierstab zu einer Creme glatt rühren.
Auf den Mürbeteig streichen. Dann die Beeren drauf.

Übrigens: Der Mürbeteig ist am Anfang ziemlich bröselig,
das gibt sich aber nach etwas Kneten.

Holländische Kirschtorte

Keine Angst vor Blätterteig
Wer Handtücher falten kann
der kriegt auch das Rezept spielend hin

Holländische Kirschtorte

Und weil sich der Teig wunderbar zum
Tiefkühlen eignet, machen wir in diesem
Rezept gleich etwas mehr. Das sichert dann
schon das nächste Kuchengelage, z. B. die Apfelküchlen auf
Sei

Backblech und zum Ausschneiden den
Boden einer Springform mit 26 cm Ø.

Blätterteig:

450 g Mehl ❍ 250 g kalte Butter, in groben Würfeln

1/4 l kaltes Wasser ❍ 3 EL Essig

2 TL Salz ❍ etwas Mehl zum Ausrollen.

Backofen auf 220 Grad vorheizen.

⁘

Zutaten in eine Schüssel kippen.
Mit Knethaken kurz verkneten.
(Da kommt ein ziemlich wilder Teig raus!
Wichtig: Die Butterstücke müssen
ganz bleiben!) Arbeitsfläche mit Mehl
bestäuben und den Teig rauflegen.
Auf 20x50 cm ausrollen. So zusammenklap-
pen, dass 3 Schichten entstehen.
Mehl aufstreuen und mit dem Handballen
in eine rechteckige Form drücken.
Wieder auf 20 x 50 cm ausrollen,
zusammenschlagen und dann zum
letzten Mal das Gleiche nochmal.
Auf 40 x 40 cm ausrollen.
Zwei Scheiben von 26 cm Ø ausschneiden.

✿

Auf ein mit Wasser benetztes Blech
legen und 15 Minuten bei 220 Grad backen.
Teigreste zusammenlegen und einfrieren.
In der Zwischenzeit Sauerkirschen
andicken, dazu:

1 gr. Glas Sauerkirschen (340 g)

5

Sauerkirschen auf ein Sieb gießen.
10 Stück zurücklegen.
und
3/8 l Saft abmessen. 50 g Speisestärke
mit etwas Saft verrühren.

Restlichen Saft mit

aufkochen. Speisestärke reingießen.
Das Ganze mit einem Schneebesen
umrühren und aufkochen. Sauerkirschen
reinkippen, umrühren und vom Herd
nehmen. Abkühlen und auf einen
der Blätterteigböden geben. Verteilen.
Den zweiten Boden draufdrücken.

steif schlagen.

Mit wenigen Schneebesenschwüngen
unterziehen (Vorsicht: Nicht wie wild
drin rummatschen, sonst gerinnt die Sahne).
Alles in einen Spritzbeutel mit Sterntülle
füllen und mit großer Geste auf die Torte
spritzen. Natürlich den Rand nicht vergessen. Wer will, kann noch gebräunte Mandelplättchen drauf- oder dranstreuen. Zum
Schluß noch die übrig gebliebenen Kirschen
drauf, und fertig ist das Schmuckstück.

Tipps:

Zum Schneiden ein scharfes Messer
ohne Wellenschliff benutzen.
Energisch runterdrücken und nicht wild
hin und her reißen. Vor dem Schneiden in
heißes Wasser tauchen.

Zu den Mandeln: Die kann man aus
einiger Entfernung an den Tortenrand
werfen, da geht aber die Hälfte vorbei.

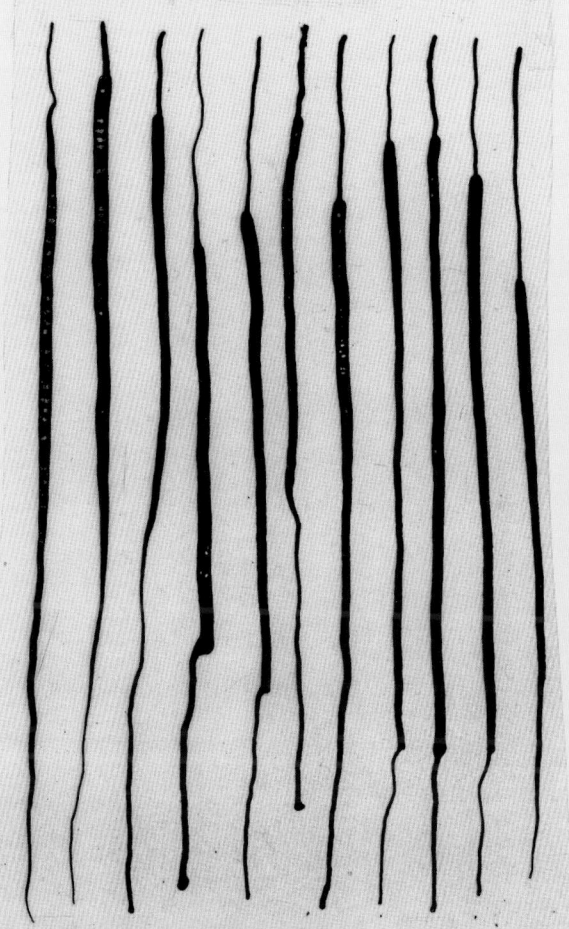

73

Hier die Profilösung:
Die Mandeln liegen abgekühlt auf dem
Blech. Mit der linken Hand den Tortenteller mit der Torte akrobatisch über das Blech
halten. Mit der rechten Hand nimmt man
Mandeln und drückt sie an die Seite. Mandeln, die nicht kleben, fallen auf das Blech
und den Tellerrand herunter. Die werden
dann mit dem Daumen wieder auf's Blech
gestreift.

Torta di Noci

Nix mit feiner Tischwäsche - zu diesem Kuchen
braucht man Badehandtücher und einen See

in der Nähe. Denn hier ist dolce Vita gefragt
und Sommer. Na und wenn keiner ist - dann
werden eben die Urlaubsfotos rausgeholt. Und
man schwelgt in Erinnerungen mit Torta di Noci.

Eiweiß schlagen, Nüsse und alles andere
rein, umrühren und ab in die Backform.
Fertig!

26 cm Ø Springform, Rosettenform oder
Tortenform. Blech geht auch!

Backform mit Butter ausstreichen, mit Mehl
bestreuen. Ofen auf 200 Grad
vorheizen.

5 Eiweiß

in einer Rührschüssel schaumig schlagen.

5 Eigelb

in eine Tasse füllen, zur Seite stellen.

200 g Zucker

in den Eischnee kippen,
10 Sekunden unterschlagen.

300 g gemahlene Haselnüsse

Schale 1 Zitrone

und die Eigelbe auf den Eischnee packen
und alles vorsichtig miteinander
vermischen. In die Form füllen und backen.
30 Minuten bei 200 Grad.
10 Minuten auskühlen, dann stürzen.
Wer will, stäubt noch etwas Puderzucker
drauf und dekoriert mit ganzen
Haselnüssen.

Raffiniert wird's mit Mocca-Zuckerguss:

2 EL Rum

mit

1 EL Instantkaffee

und

150 g Puderzucker

verrühren und auf den Kuchen streichen.

Orientalischer Kardamomkuchen

ZU WICHTIGEN GESPRÄCHEN GIBT'S IM FERNEN ORIENT IMMER TEE. ZU SEHR WICHTIGEN GESPRÄCHEN

GEBIETET DIE GASTFREUNDSCHAFT MEHR ALS DAS! ✳ NEBEN UNTER-

Orientalischer Kardamomkuchen

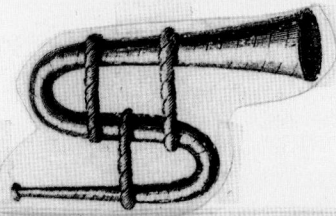

Kardamom kommt entweder gemahlen aus
dem Streuer, oder frische grünbraune
Körner werden im Mörser fein zerstoßen
und dann in den Teig gesiebt. Das gibt
natürlich das feinste Aroma.

Backofen auf 180-200 Grad vorheizen.
Rohrbodenform oder Springform 26 cm Ø
mit etwas Butter oder Margarine einfetten.

150 g feines Maismehl (Reformhaus)

150 g Weizenmehl

250 g weiche Butter oder Margarine

250 g Zucker

4 Eier

2 TL Backpulver

1 Päckchen Vanillezucker

1 TL Kardamompulver

Alle Zutaten in eine Rührschüssel füllen
und mit Rührstäben des Handmixers zu
einem glatten Teig schlagen. In die
Backform füllen und bei 180-200 Grad
50-60 Minuten backen.

Mit Puderzucker bestreuen.

Pfirsich Mandeltarte

Pfirsich-Mandeltarte

Die Straßen sind verstopft,
schwüle Hitze brütet über der
Stadt, und für eine Fernreise
reicht die Zeit nicht. Dann
empfehlen wir einen Kurztrip
nach Balkonien.

Und versüßt wird's durch Pfirsiche
und Mandeln. Vielleicht mit nem
Reiseprospekt.

Einen einfachen Mürbeteig backen, darauf gekochte Mandeln
mit Butter und Zucker. Und dann noch Pfirsiche. Das ist schon alles.

Rosettenform oder Springform 24 cm Ø
Backofen auf 200 Grad schalten.

150 g Mehl
100 g zimmerwarme Butter
50 g Zucker
1 Eigelb
1 Prise Salz

Alles in die Rührschüssel, mit Knethaken krümelig machen. Die Krümel in
die Form streuen und festdrücken. Am Rand etwas hochziehen.
10 bis 15 Minuten backen.

1/4 l Sahne
150 g Zucker
75 g Butter
200 g gehackte Mandeln

In einen Kochtopf schütten und 2 Minuten kochen. Dabei rühren.
Mandelmasse auf den vorgebackenen Teig gießen und mit

1 gr. Dose halbierte Pfirsiche

belegen. Dann nochmals 20 Minuten bei 180 Grad backen.

Übrigens: Wer frische Pfirsiche hat
muss erstmal die Haut abziehen. Einen
großen Topf mit Wasser zum Kochen
bringen. Ein paar Pfirsiche reinschmeißen.
10-15 Sekunden kochen lassen. Pfirsiche
rausholen und sofort in kaltem Wasser
abkühlen. Dann die Haut abziehen.
Danach die Pfirsiche halbieren und
den Stein rausnehmen. Das geht
nur gut, wenn die Früchte wirklich reif sind.

Kirsch-Herz

Herzform (1 l Inhalt) mit Butter oder
Margarine ausstreichen.
Backofen auf 180 Grad vorheizen.

5 Eier **100 g Zucker** **1/2 Tasse warmes Wasser**

4-5 Minuten schaumig schlagen.
(Volumen muß sich mindestens verdoppeln)

120 g Mehl **30 g Kakaopulver**

In ein Sieb kippen und in die Eiermasse
streuen. Dann alles mit einem Schneebesen
vorsichtig, aber fix vermischen.
(Es entstehen leicht Klumpen – aufpassen!)
Die Masse in die Form gießen, glatt streichen. 40 Minuten bei 180 Grad backen. Auf
einen Teller stürzen und auskühlen lassen.

1 großes Glas Sauerkirschen (370 g)

10 Kirschen zum Dekorieren beiseite legen.

3 EL Zucker **3 El Wasser**

in einen kleinen Topf füllen. Aufkochen bis
sich der Zucker gelöst hat, abkühlen lassen.
Dann mit

 5 EL Kirschwasser

vermischen.

Das Schokoladenherz damit tränken.
Abgetropfte Kirschen draufkippen.

600 ml Sahne (3 Becher)

steif schlagen.

3 EL Zucker **3 EL Kirschwasser**

unterrühren.

Mit einem Esslöffel auf dem Kuchen verteilen. Mit den zurückbehaltenen Kirschen
belegen. Wer noch die roten Schlieren
draufmachen will:

4 EL Kirschsaft

mit

4 EL Zucker

verkochen, abkühlen und auf den
Kuchen träufeln.

Nougat Hefekuchen

Nougat-Hefekuchen

– Zeit ist die Arznei der Seele –. und Zeit
braucht man für diesen Kuchen. genau das
Richtige für Streßgeplagte Zeitgenossen. Denn
Zwischendrin hat man viel Zeit, um Bücher
zu lesen, Zeitschriften zu wälzen oder einfach
aufzuräumen. und als Belohnung gibt's den
Kuchen mit 'ner Tasse Tee.

Kastenform 30 cm

Für den Teig alle Zutaten verkneten, ausrollen und mit Nougat
bestreichen. Aufrollen, in eine Kastenform legen, gehenlassen und backen.
Was man braucht, ist eine kleine Handwerkerausrüstung:
Zollstock zum Ausmessen und einen Malerspachtel,
um die Teigreste abzuschaben.

Ein simpler Kuchen mit großer Wirkung.

500 g Mehl
1 Pckg. Trockenhefe
100 g Zucker
6 Eigelbe
100 g weiche Butter oder Margarine
1/4 l warme Milch

Die Hälfte Mehl mit allen anderen Zutaten in eine Schüssel kippen.
Mit einem Knethaken oder einfach einem Holzlöffel verkneten.
Dann das restliche Mehl nach und nach reinschütten, bis ein fester Teig
entstanden ist. In der Schüssel ruhen lassen. 30 Minuten.

600 g Nussnougat

in eine Metallschüssel geben und die in heißes Wasser stellen.
Auflösen. Ofen auf 80 Grad vorheizen. Kastenform mit Butter
ausstreichen. Den Teig mit Mehl bestreuen und ausrollen.
30 x 40 cm groß. Immer von der Mitte nach den Seiten rollen.
Dabei sanft drücken. Wenn der Teig zäh ist und sich zusammenzieht, ein
paar Minuten liegen lassen. Dann weiter ausrollen.
Nougat auf den Teig streichen. Mit

200 g Haselnüssen

bestreuen.

Aufrollen von der 30 cm Seite. In die Form legen und in den Ofen schieben.
45 Minuten gehen lassen. Dann den Ofen auf 180 Grad stellen und 30-45
Minuten backen (liegt am Ofen, wie schnell der aufheizt.)
Wenn's gut nach Kuchenbacken riecht, ist's meistens fertig.
Mit Puderzucker bestreut servieren.

Bananen-Gewürzmuffin

WENN'S DRAUßEN BINDFÄDEN PLÄRDERT, DIE KINDER UNAUSSTEHLICH SIND, DANN IST DIES GENAU DAS RICHTIGE, UM DEN TAG ZU RETTEN. FAMILIEN-BACKTAG.

Kinder rühren die Butter weich, brechen die Pecannüsse entzwei und machen ihre ersten Leseübungen am Gewürzregal. Erwachsene dirigieren nur und passen auf, dass die Küche anschließend nicht renoviert werden muss.

Für Muffinblech **12 Stück**

Backofen auf 200 Grad vorheizen. Muffinblech mit etwas Butter ausstreichen.

250 g weiche Butter oder Margarine

5 Eigelbe
(Eiweiß in eine saubere Rührschüssel füllen)

1 EL Kakao

zusammen 1 EL Gewürze, die gerade da sind:
Zimt, gem. Ingwer, Muskatblüte, gem. Kardamom

In eine Rührschüssel füllen und mit dem Handmixer schaumig schlagen. Wenn die Butter kalt und hart ist, die Schüssel mit den Zutaten in heißes Wasser stellen und mit einem Holzlöffel weich rühren, bis es die Konsistenz von geschlagener Sahne hat.

150 g Pecannüsse,
in Stücke brechen

(ES GEHEN AUCH WALNÜSSE)

150 g Blockschokolade
grob hacken oder raspeln.

250 g Mehl
1 TL Backpulver
auf die Butter schütten, noch nicht unterrühren!

5 Eiweiß
steif schlagen

100 g Zucker
zufügen und 10 Sekunden drunterschlagen.
Das geschlagene Eiweiß mit den vorbereiteten Sachen vermischen.
(Vorsichtig mit einem Teigspachtel.)
Die Hälfte vom Teig in die Muffinförmchen füllen.

1 Banane
schälen und in Scheiben schneiden. Auf dem Teig verteilen.
Dann den restlichen Teig drauf verteilen und glatt streichen.
Bei 200 Grad 25-30 Minuten backen.
Evtl. den Ofen nach 10 Minuten auf 180 Grad runterschalten.
Wer jetzt noch die Muffin garnieren will, braucht nochmal

24 Pecannüsse (ca. 50 g)
4 EL Zucker

Zucker bei mittlerer Hitze in einem Topf karamelisieren. Nüsse zugeben und mit dem Zuckerkaramel vermischen. Auf die Muffin verteilen. Aber Vorsicht! Der Zucker ist höllisch heiß, niemals mit Fingern berühren.

Apfel-Mascarponetorte

DAS HERBSTREZEPT FÜR WEHMÜTIGE, WENN DER SOMMER SICH ZU ENDE NEIGT UND DIE URLAUBSBRÄUNE LÄNGST VERBLASST IST. DANN KANN MAN SICH NOCH EIN STÜCK ERINNERUNG ZURÜCKHOLEN. ALSO NICHTS WIE IN DEN ITALIENISCHEN SUPERMARKT, MASCARPONE KAUFEN UND DIE MEDITERRANE ATMOSPHÄRE TIEF EINATMEN.

Die Hälfte Mürbeteig wird vorgebacken. Die andere Hälfte an den Rand gedrückt. Hinein kommt eine Mascarponecreme und dicke, fette Äpfel.

Backofen auf 200 Grad vorheizen.
Für eine Springform mit 26 cm Ø.

200 g Weizenvollkornmehl (Grahammehl) ✽ **100 g Mehl Typ 405**

100 g Zucker ✽ **250 g Butter, zimmerwarm** ✽ **2 Eigelb**

Eiweiß beiseite stellen.
Die Zutaten verkneten (am einfachsten mit der Hand). Die Hälfte davon in eine Springform legen, einfach mit dem Handballen hineindrücken (Mit etwas Mehl bestreuen oder die Hand mit Wasser nass machen). 20-25 Minuten backen. Danach abkühlen lassen.

6 große Äpfel (Boskop, Cox Orange)

Schälen und mit einem Kugelausstecher entkernen.
Das übrige Eiweiß steif schlagen und mit

500 g Mascarpone (ersatzweise Creme fraiche)

100 g Zucker ✽ **5 Eier** ✽ **1 Vanillestange**

(längs aufgeschnitten, das Mark herausgeschabt)

zusammen verquirlen.

Den restlichen Teig halbieren und zu zwei Rollen von ca. 35 cm Länge formen. In die Springform legen und fest an den Rand drücken.
(Es sollte kein Loch zwischen gebackenem und rohem Teig entstehen. Sonst läuft die flüssige Creme raus und der Ofen müsste restauriert werden. Den Rand ziemlich hochziehen, da der Kuchen voll wird.)
Äpfel reinstellen (wenn's nicht genau passt – zurechtschneiden).
Mascarponecreme draufgießen und in den Ofen.
Wenn's 'ne alte Springform ist, sollte der Kuchen vorsichtshalber auf ein Backblech gestellt werden. Wenn was rausläuft macht's nichts.
30 Minuten bei 200 Grad, dann 40-45 Minuten bei 180 Grad zu Ende backen. Warm oder kalt, mit Puderzucker bestreut servieren.

ROYAL

cheese cake

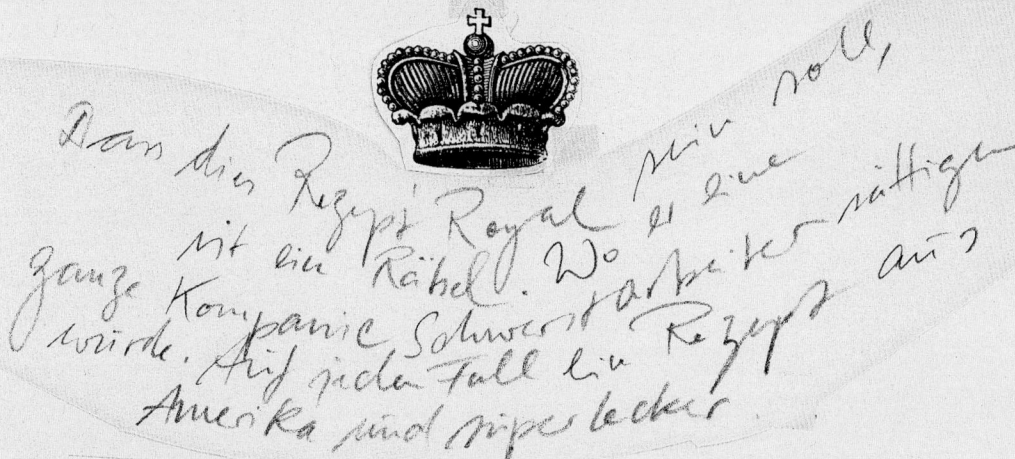

*Dass dies Rezept Royal sein soll,
ist ein Rätsel. Wo es eine
ganze Kompanie Schwerstarbeiter sättigen
würde. Auf jeden Fall ein Rezept aus
Amerika und piperlecker.*

Weizenkekse werden zerkrümelt, mit Butter und Zucker
in eine Backform gedrückt. Frischkäse, Schmand, Zucker und
Eier verquirlt, draufgegossen und gebacken.
Obendrauf kommen Sauerkirschen.

Backofen auf 180 Grad vorheizen. Eine Springform mit
24 oder 26 cm Ø bereitstellen

300 g Weizenschrotkekse oder Butterkekse

In eine Rührschüssel packen. Mit Handballen zerkrümeln.

90 g Butter

40 g Zucker

3 EL Wasser

dazugeben, vermischen und in eine Springform streuen. Fest andrücken.

200 g Doppelrahm-Frischkäse

400 g Schmand oder Creme fraiche

3 Eier

120 g Zucker

1 Pckg. Vanillezucker

verquirlen und auf den Keksboden füllen.
Bei 180-200 Grad 60 Minuten backen.

340 g Sauerkirschen

auf ein Sieb gießen,

1/4 l Saft

auffangen. Abgetropfte Kirschen auf der erkalteten
Oberfläche verteilen. Mit

1 Pckg. Tortenguss

den Saft nach Packungsanweisung kochen und darauf verteilen.

Aprikosen-Makronentarte

Die günstigen Dosen - Sonderangebote aus den Süßwarten kommen

APRIKOSEN MAKRONENTARTE

ihn immer wieder. Denn es ist ein low budget
Kuchen, der schmeckt als wenn er gerade aus einer der
kostspieligen Schicki - Micki Konditoreien geholt wä

Quicheform oder Springform 26 cm Ø

200 g Mehl   100 g Butter, zimmerwarm   70 g Zucker

1 Ei   2 EL Kakao   1 EL Zimt   1 Prise Salz

Ofen auf 200 Grad vorheizen. Alles in eine Schüssel geben und mit dem Knethaken eines Handmixers krümelig arbeiten. In die Backform streuen. Fest andrücken und bei 200 Grad 15-20 Minuten backen.

Am Rand etwas hochdrücken.

Für die Creme:

1/4 l Sahne,

1 Vanilleschote, längs aufgeschnitten (1 Pckg. Vanillezucker tut es auch)

Das ausgekratzte Mark zur Sahne geben.
Zum Kochen bringen, dann vom Herd nehmen und ziehen lassen.
Nebenbei die Makronenmasse machen:

200 g Marzipan   2 Eiweiß (Eigelb aufheben)

Mit Rührstäben des Mixers zu einer weichen Masse verquirlen.
In einen Spritzbeutel füllen.
(Tülle ist egal, sollte aber nicht zu dick sein.)

1 Ei   2 Eigelbe (von oben)   20 g Mehl

mit einem Schneebesen verquirlen.

Sahne nochmal zum Kochen bringen. Vanillestange rausnehmen.
Die verquirlte Mehl-Eierpampe mit einem Schwung reingießen.
Dabei mit dem Schneebesen kräftig rühren und einmal kurz aufkochen!
Sonst gerinnt's. Den Topf sofort vom Feuer nehmen, evtl. in kaltes Wasser stellen oder in eine Schüssel umgießen. Die Vanillecreme
auf dem Kuchen verstreichen.

1 große Dose Aprikosen (480 g)

Abgetropft auf die Vanillecreme legen. Mit der vorbereiteten Makronenmasse ein Gitter oder etwas anderes aufspritzen.
Im Ofen 4-5 Minuten bei 225 Grad bräunen.

Vorsicht, wird schnell braun.

Elisen-Lebkuchen.

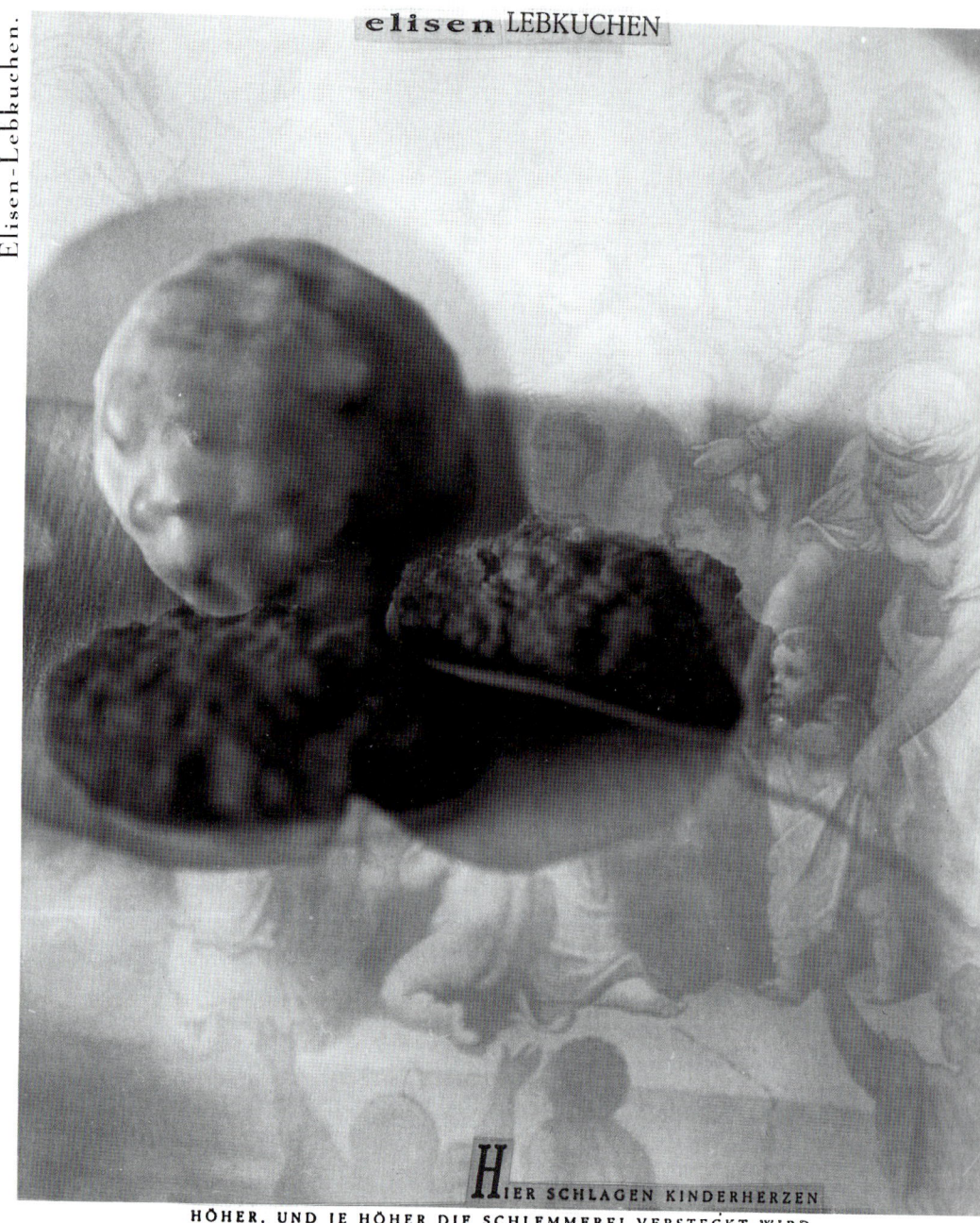

HIER SCHLAGEN KINDERHERZEN
HÖHER, UND JE HÖHER DIE SCHLEMMEREI VERSTECKT WIRD,
DESTO BESSER — ABER IN DOSEN, DENN DANN BLEIBEN SIE
WUNDERBAR WEICH, UND NACH EINIGEN WOCHEN ENTFALTEN
SIE IHR AROMA ERST RICHTIG.

3 Eier   180 g Zucker   1 Päckchen Vanillezucker

schaumig schlagen (ca. 2 Minuten).

1 EL Lebkuchengewürz

zugeben. Wer nichts dem Zufall überlassen will, mischt nach eigenen
Vorstellungen: Zimt, Nelken, Anis, Piment, Ingwer, Kardamom.
Alles als Pulver oder unzerkleinerte Gewürze, die
dann im Mörser fein zerstoßen werden.

5 Tropfen Bittermandelöl   Schale 1 abgeriebenen Zitrone

Die Zitrone sollte ungespritzt sein. Eine Reibe einfach über
die Schüssel halten und dann reiben, bis das Weiße sichtbar wird.
Das ist bitter.

100 g gemahlene Mandeln   100 g gemahlene Haselnüsse   100 g Walnüsse

zugeben (Walnüsse im Blitzhacker fein mahlen).

93

100 g Orangeat   100 g Zitronat

Beides wird ebenfalls im Blitzhacker sehr fein gehackt und zu der Masse
gegeben. Die hat dann eine dicklich-fließende Konsistenz.
Die Lebkuchenmasse muss jetzt mindestens 4 Stunden stehen bleiben.
Besser noch über Nacht im Kühlschrank.
Die Nüsse nehmen dann die Flüssigkeit in sich auf, und der Teig wird dick.
Beim Backen fließt dann nichts auseinander.
Den Backofen auf 180-200 Grad vorheizen.

20 Oblaten, 7 cm Ø

Auf ein Backblech mit etwas Abstand verteilen. Jeweils 1 EL Teig
daraufgeben. In 15-20 Minuten goldbraun backen.

In der Zwischenzeit

120 g Puderzucker

mit

3 EL Zitronensaft

vermischen.

(Wenn der Puderzucker klumpig ist, sollte er durch ein Sieb gedrückt
werden.) Die Lebkuchen noch heiß damit bestreichen.

Backoblaten sind papierdünne Plättchen, die aus Mehl, Stärke und Wasser
gebacken werden. Die gibt's im Supermarkt
oder im Reformhaus.

Türkischer Joghurtkuchen

Ein Kurztrip nach Konstantinopel –
nach Istanbul?

❦

Beim Einkauf den türkischen Mocca nicht
vergessen! Der wird übrigens mit Wasser
und Zucker in einem Topf kurz
aufgekocht, dann in kleine Tassen gefüllt.
Man wartet, bis sich der Kaffee in der
Tasse gesetzt hat. Nach dem Trinken
den Kaffeesatz auf die Untertasse kippen.
Aus ihm kann dann die Zukunft
abgelesen werden. Das ist Ritual und Spaß.

Herrenkuchenform oder Springform 24 cm Ø

1 **125 g Butter**   **2** **500 g Vollmilch-Joghurt**   **3** **4 Eier**

4 **200 g Zucker**   **5** **1 Vanilleschote**   **6** **300 g Grieß**

7 **200 g Mehl**   **8** **1 Päckchen Backpulver**

Backofen auf 180 Grad vorheizen.
Butter auflösen, abkühlen lassen. Mit etwas
Butter die Backform ausfetten.
Mit 1 EL Mehl bestreuen und ausklopfen.
Die Backform in den Tiefkühler stellen.
Joghurt, Eier und Zucker mit
einem Schneebesen verrühren, in die Butter
gießen. Vanilleschote mit einem kleinen
Messer längs aufschneiden, das Mark
herauskratzen und zur Masse geben.
Grieß, Mehl und Backpulver mischen
und mit einem Holzlöffel mit der
Joghurtmasse verrühren. Den Teig in die
vorbereitete Form kippen, glatt streichen
und backen. 40-45 Minuten lang bei
180 Grad. Während des Backens einen
Sirup kochen:

9 **1/2 l Wasser**   **250 g Zucker**   **10**

5 Minuten stark kochen, bis der Zucker
aufgelöst ist. Den gebackenen Kuchen
5 Minuten abkühlen. Dann stürzen.
Wieder in die Form zurück und mit Sirup
begießen, bis alles aufgesogen ist.
Wer will, mischt noch Zitronensaft oder
Rosenwasser in den Sirup.

HERMANN ROTTMANN

SIBYLLE SCHWARZ

DANKEAN

CARLO SONDERMANN
FERNKORN, JANSSEN UND BUSCH, SCHRIFTKUNST, DÜSSELDORF
W+B, KREATIVE DRUCKVORLAGENTECHNIK, DÜSSELDORF
ALEX FARFAN
PETERS WÄSCHESTÜBCHEN
VICTOR SANTOS
FINE PRINTS, LARRY LAZARUS
ULLA MAAS
ANDREA UND BERND KRAMP GÖLLING, DIERK ROBBERS
ALEXANDROS KOSTAS TOUSIAS
BURKHARDT LEITNER CONSTRUCTIV, STUTTGART
SILVIA OLP
H&D HIGH DENSITY, DIGITALDRUCK, MÜNCHEN
HELGA HOFMANN, FRESKO, NEUE STAATSGALERIE, STUTTGART
PERVIN RAZA
ROSEMARIE BULLERSCHEN FÜR MOSES

© PRESTEL VERLAG, MÜNCHEN · LONDON · NEW YORK 2000
PRESTEL VERLAG, MANDLSTRASSE 26, 80802 MÜNCHEN
TELEFON 089/381709-0, TELEFAX 089/381709-35, www.prestel.de

DIE DEUTSCHE BIBLIOTHEK – CIP-EINHEITSAUFNAHME
KISS ME CAKE.

VON HERMANN ROTTMANN UND SIBYLLE SCHWARZ.

MÜNCHEN · LONDON · NEW YORK PRESTEL, 2000
ISBN 3-7913-2442-x

LITHOGRAPHIE REPROLINE, MÜNCHEN

SATZ FERNKORN, JANSSEN UND BUSCH, SCHRIFTKUNST, DÜSSELDORF

GESETZT IN DER SONDERMANN

DRUCK UND BINDUNG SELLIER, FREISING

PRINTED IN GERMANY

ISBN 3-7913-2442-x